Heinrich Beltz

Taschenatlas

# Formgehölze schneiden

2. Auflage

57 Fotos
60 Zeichnungen
2 Tabellen

Ulmer

# Inhaltsverzeichnis



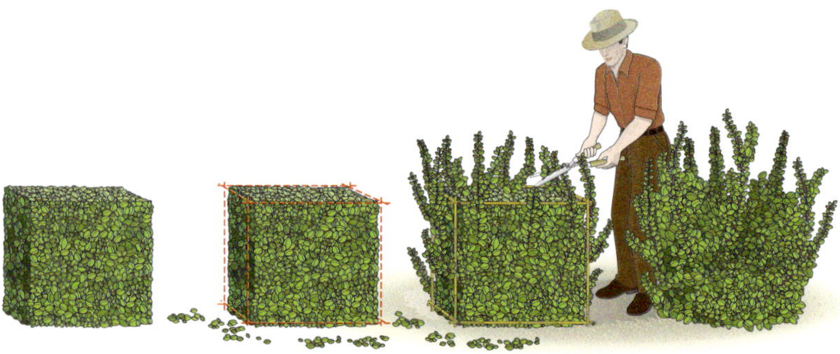

## Formschnitt-Beispiele 32



## Pflege 109

# Vorwort

Der Schnitt von Formgehölzen (engl. „topiary art“) hat eine lange Tradition. Schon vor 2000 Jahren wurden in Rom Buchsbaum und Zypressen zu geometrischen Formen, Skulpturen und sogar ganzen Schlachtenbildern geschnitten. In den folgenden, unruhigen Jahrhunderten geriet die Kunst des Formschnitts in Europa dann fast in Vergessenheit, wurde aber in der Renaissance zusammen mit den Ideen des klassischen Altertums wiederentdeckt und kam auf den neu angelegten Gartenanlagen der Schlösser und Landgüter in Mode. Im darauffolgenden Zeitalter des Barock erreichte die Verbreitung des Formschnitts in den Schlossgärten ihren Höhepunkt, wurde aber durch die im 18. Jahrhundert aufkommenden Ideen der Romantik und die daraus entstehenden Gestaltungsrichtung des Englischen Landschaftsgartens verdrängt.

Erst seit Ende der 1980er-Jahre erfreut sich der Formschnitt in Deutschland wieder großer Beliebtheit. Neben den klassischen geometrischen Formen und Skulpturen spielen dabei auch die Pompon- und Bonsai-Formen nach asiatischen Vorbildern eine große Rolle. Die Langlebigkeit und die dabei gleichbleibende Größe von Formgehölzen bietet in den heutigen, meist flächenmäßig

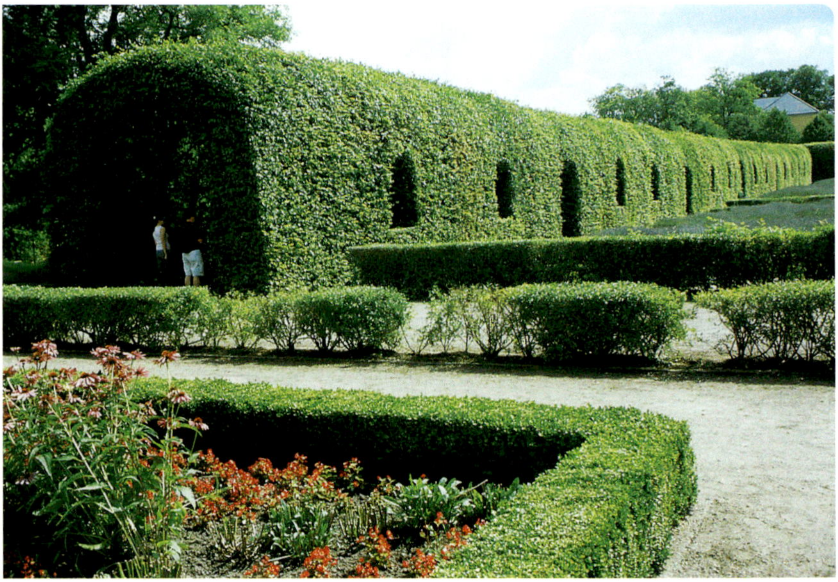

Angenehmen Schatten bietet dieser Laubengang aus Hainbuchen im Renaissancegarten von Schloss Güstrow.

begrenzten Hausgärten deutliche Vorteile gegenüber frei wachsenden Pflanzen, die häufig nach einigen Jahren wegen ihrer überhand nehmenden Größe entfernt werden müssen. Doch auch Formgehölze erfordern Geduld und Verständnis für die Besonderheiten und Bedürfnisse der Pflanzen.

Die Ausweitung des Buchsbaum-Blattfalls (*Cylindrocladium buxicola*) und das Auftreten des Buchsbaumzünslers (*Diaphania perspectalis*) haben dazu geführt, dass die Verwendung von Buchsbaum als Formgehölz nicht mehr in allen Fällen sinnvoll ist und die früheren Standardsorten für Einfassungen 'Suffruticosa' und 'Blauer Heinz' kaum noch gepflanzt werden. Diese neue Situation wird in diesem Buch berücksichtigt, robustere Buchsbaumsorten und Alternativen zu Buchsbaum werden verstärkt angesprochen.

Sie finden in diesem Buch also fachkundige, dabei aber anschauliche und leicht verständliche Anleitung, welche Formgehölze für Ihren Garten in Frage kommen, wie sie richtig erzogen und gepflegt werden.

Heinrich Beltz, Bad Zwischenahn

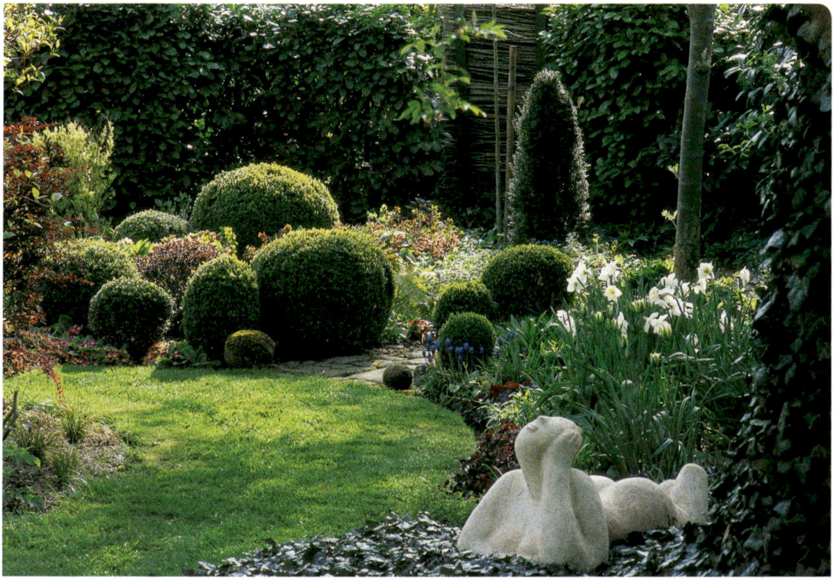

Verschiedene, kugelig oder oval geschnittene Formgehölze korrespondieren gut mit der Rasenfläche und der Staudenpflanzung.

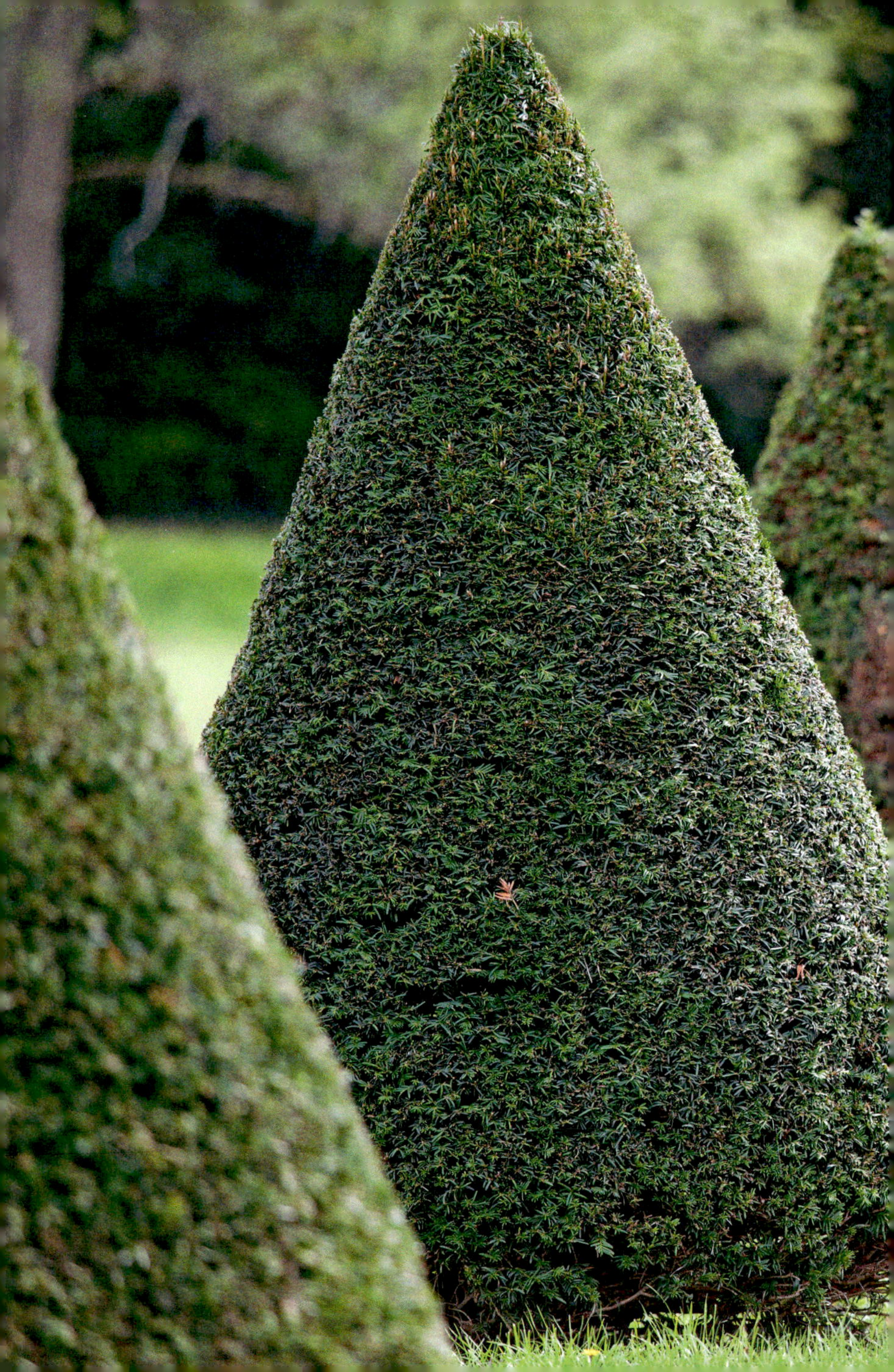

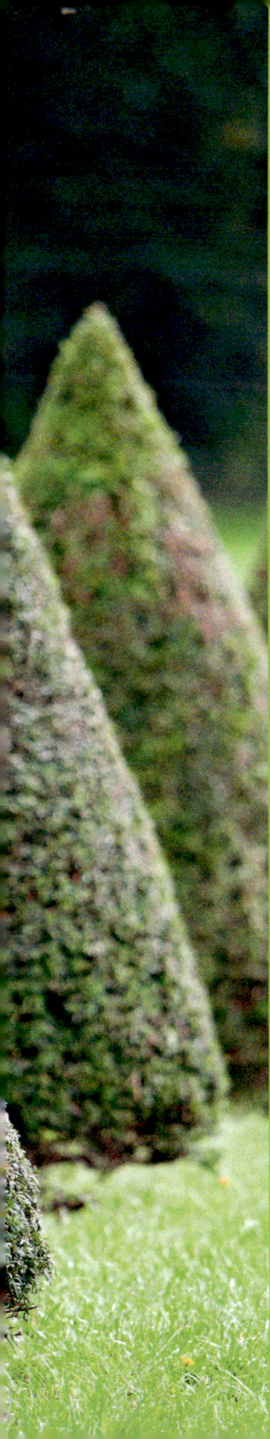

# Kriterien für den Formgehölzschnitt

Bei Schnitt und Pflege von Formgehölzen sind einige Grundlagen zu beachten. Mehr darüber erfahren Sie in diesem Kapitel.

## Spitzen- und Basisförderung

In der Natur zeigen Gehölzarten unterschiedliche Wuchsformen, die nach ihrem Austriebsverhalten in zwei Grundtypen eingeteilt werden: in basitonisch und die akrotonisch wachsende Pflanzen.

Basitonisch sind Sträucher, bei denen die untersten Knospen am stärksten austreiben und die längsten Triebe bilden (Basisförderung). Eine solche Wuchsform zeigen viele Blütensträucher, zum Beispiel Forsythien oder Weigelien.

Baumartige und manche strauchartigen Gehölze wachsen dagegen akrotonisch. Dabei treiben die obersten Knospen am stärksten aus und bilden die längsten Triebe (Spitzenförderung). Bei manchen Arten, etwa der Weißtanne oder der Rosskastanie, ist dieses Verhalten sehr stark ausgeprägt, bei anderen wie Buchsbaum oder Eibe weniger.

Dieses Wuchsverhalten ist genetisch bedingt, und bei den akrotonisch wachsenden Gehölzen setzen die am höchsten sitzenden Knospen bzw. Triebe Hormone (Auxine) frei, welche die tiefer sitzenden Knospen und Triebe in ihrem Wachstum hemmen. Auf das Wachstum von Formgehölzen wirkt sich das häufig so aus, dass die höher liegenden Pflanzenteile kräftig wachsen und die tiefer liegenden schwächer, woraufhin diese zum Verkahlen neigen. Deswegen ist es sehr wichtig, die höheren Teile besonders stark zu schneiden und so die Ausschüttung wachstumshemmender Hormone (Auxine) zu verhindern.

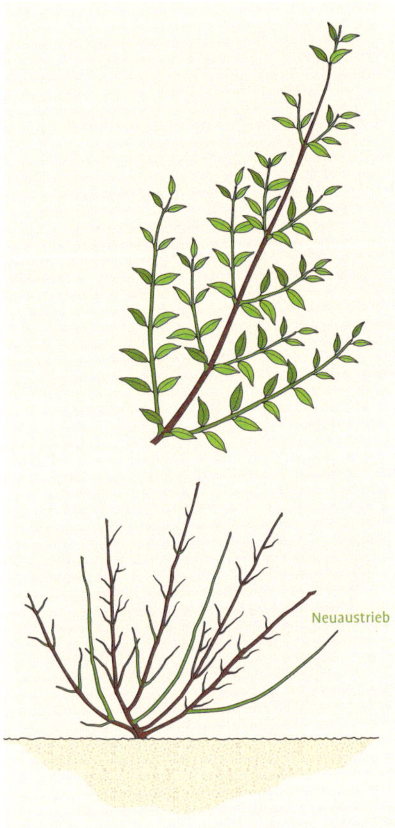

Basitonisches Wachstum am Beispiel der Forsythie.

## Austrieb

Im Spätsommer, Herbst und Winter werden in den Knospen die Triebe der folgenden Wachstumsperiode ganz oder teilweise angelegt. Wenn sich am Zweig zwei Knospen gegenüber stehen, bezeichnet man das als „gegenständig“, sitzen die Knospen mit Abstand erst auf der einen, dann auf der anderen Seite des Zweiges, spricht man von „wechsel-

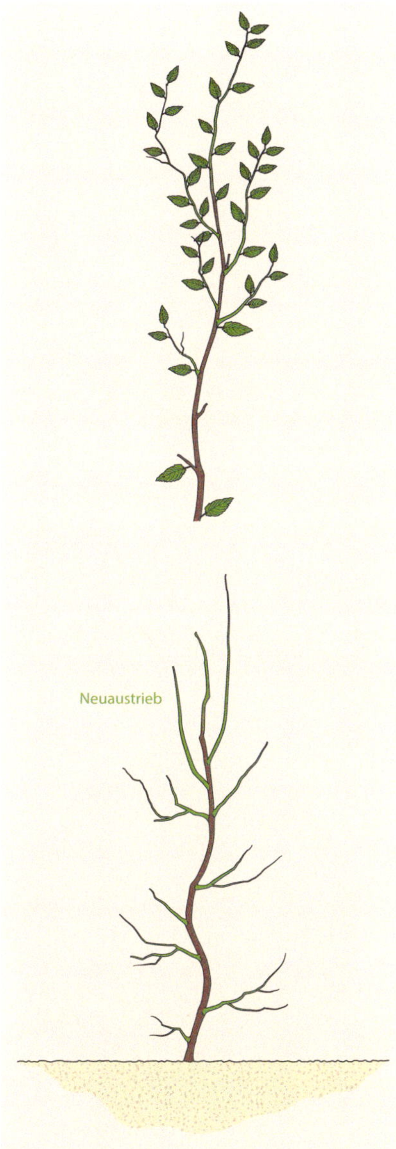


Akrotonisches Wachstum am Beispiel der Hainbuche.

ständig". Will man Triebe zurückschneiden, geschieht das am besten knapp über einer Knospe, denn aus dem darüber stehenden Holz können die meisten Gehölze nicht austreiben, und es bleiben Stummel stehen.

Manche Gehölze bilden unsichtbare, „schlafende" Knospen unter der Rinde. Diese Pflanzen sind für den Formschnitt gut geeignet (Buchsbaum, Eibe), da sie sich einerseits bis tief ins alte Holz zurückschneiden lassen und sich andererseits gut füllen, wenn sie regelmäßig in derselben Größe gehalten werden. Außerdem ist es günstig, wenn die Abstände zwischen den

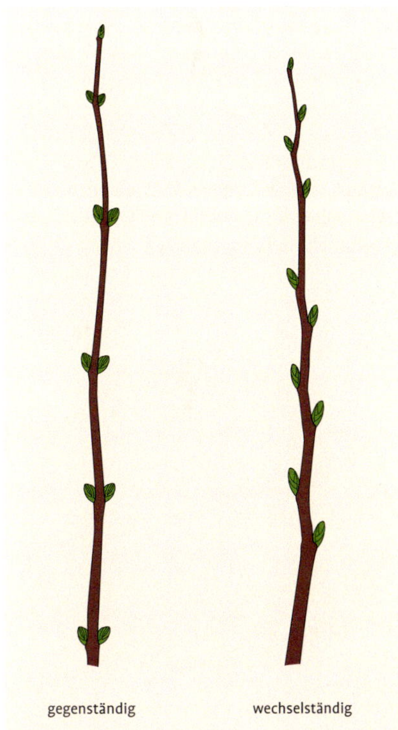


Links gegenständige Knospenstellung beim Ahorn, rechts wechselständige Knospenstellung bei der Linde.

Knospen (Internodien) eng sind, da die Pflanzen dann kompakter wachsen.

## Blattgröße

Die Form, die aus einer Pflanze geschnitten wird, ist am wirkungsvollsten, wenn die durch den Schnitt entstandenen Flächen „glatt" aussehen. Das erreicht man am ehesten, wenn die Blätter der verwendeten Pflanzenart relativ klein sind, wie bei der Buchsbaum-Varietät *Buxus sempervirens* var. *arborescens*. Hat die Pflanzenart dagegen so große Blätter wie die Lorbeerkirsche (*Prunus laurocerasus*), ist es schwieriger, den Eindruck einer glatten Fläche zu erwecken. Außerdem fallen bei größeren Blättern die braunen, trockenen Wundränder stärker auf, die beim Schnitt zwangsläufig entstehen, wenn durch die Heckenschere ein Teil der Blätter zerschnitten wird. Bei genügend Zeit und Ambitionen kann man großblättrige Pflanzen stattdessen mit der Rosenschere schneiden. Dabei wird jeder Trieb einzeln eingekürzt, ohne das oberste verbleibende Blatt zu beschädigen.

Der Einfluss der Blattgröße hängt natürlich eng mit der Größe des Formgehölzes zusammen: Je größer die Pflanze ist, desto größer können auch seine Blätter sein.

## Standort

Formgehölze benötigen einen hellen Standort, damit sie dicht bleiben und ihre Form wahren. Das gilt auch für sehr schattenverträgliche Pflanzen wie Buchsbaum oder Eibe, die zwar gut im Schatten gedeihen, sich dort aber nur locker aufbauen. Es kommen also nur sonnige oder notfalls halbschattige (für schattenverträgliche Arten) Standorte in Frage. Dabei sollte man auch die Nähe zu anderen Pflanzen vermeiden, die durch ihr Wachstum Schatten werfen könnten. Besonders die Schattenwirkung benachbarter laubabwerfender Gehölze wird bei der Pflanzung von

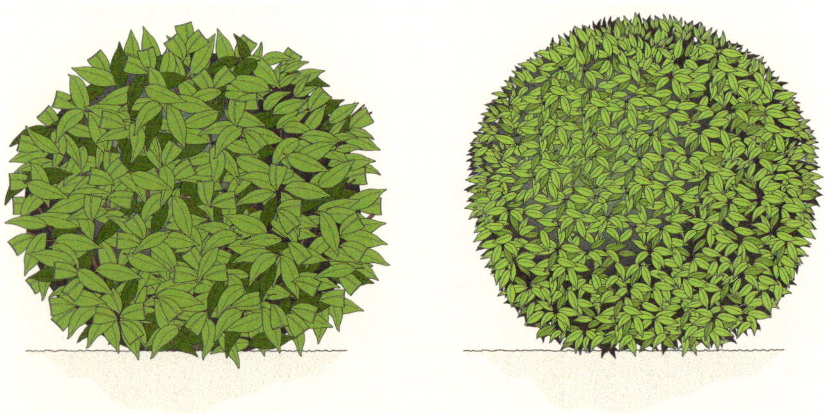

Bei der Kugel aus großblättriger Lorbeerkirsche (links) fallen die durch den Schnitt beschädigten Blätter auf, bei kleinblättrigem Liguster (rechts) entsteht ein harmonischer Gesamteindruck.

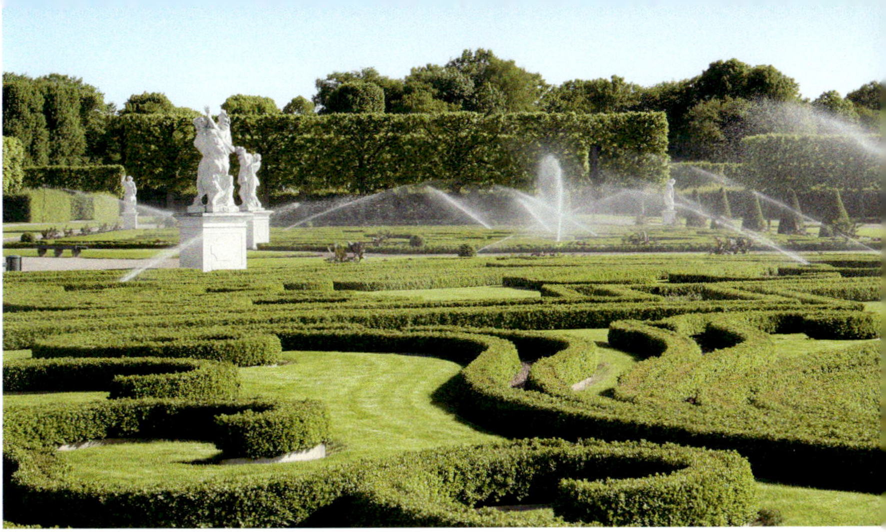

Wässern Sie Ihren Buchs regelmäßig und am besten in den Morgenstunden, damit die Pflanzen schnell abtrocknen und gesund bleiben.

Formgehölzen im Winter oder Frühjahr vor dem Austrieb oft unterschätzt.

Die Bodenansprüche sind natürlich von der Pflanzenart abhängig, aber die wichtigsten Formgehölzgattungen Eibe (*Taxus*) und Buchsbaum (*Buxus*) haben gemeinsam, dass sie sehr empfindlich gegen Staunässe und gegen niedrige pH-Werte (geringen Kalkgehalt) im Boden sind. Gerade für diese Pflanzen sollte der Boden also kalkhaltig und durchlässig sein, dabei aber genügend Nährstoffhaltekraft besitzen, damit die Pflanzenernährung sichergestellt ist. Einen zu niedrigen pH-Wert im Boden kann man leicht durch Kalkgaben anheben und die Nachteile eines zu leichten Bodens durch Humus- und Düngergaben ausgleichen. Staunässe dagegen ist nachträglich schwierig zu beheben, daher muss der Standort unbedingt vor der Pflanzung entsprechend vorbereitet (tiefengelockert und dräniert) werden. Besonders häufig entstehen Staunässe-Probleme auf Neubaugrundstücken, wo die Böden durch die Bauarbeiten stark verdichtet wurden. Mit dem Spaten können Sie leicht prüfen, ob Bodenverdichtungen vorliegen. Leistet der Boden (evtl. erst in tieferen Schichten) dem Spaten außergewöhnlichen Widerstand, riecht er vielleicht sogar faulig oder nach Schwefelwasserstoff oder ist er bläulich-grau gefärbt, muss die verdichtete Schicht unbedingt vor der Pflanzung aufgelockert werden.

Kiefern und die meisten anderen Pflanzenarten sind ebenfalls sehr empfindlich gegenüber Staunässe, tolerieren aber oft niedrige pH-Werte.

Auf sehr trockenen Standorten sollten Bewässerungsmöglichkeiten eingeplant werden, denn wenn Formgehölze im späten Frühjahr oder Frühsommer unter Wassermangel leiden, treiben sie nur schwach aus und wachsen (wie bei zu schattigem Standort oder Nährstoffmangel) zu locker. Je nach Pflanzenart muss außerdem geprüft werden, ob der Standort zu windig ist, vor allem, ob kalte Ostwinde im Winter frostempfindliche Pflanzenarten schädigen können.

## Pflanzung

Gehölze werden wurzelnackt, mit Ballen oder im Container angeboten. Bei wurzelnackten Pflanzen fällt beim Roden die meiste Erde von den Wurzeln ab, Pflanzen mit Ballen werden dagegen mit einem Spaten samt Erde aus dem Boden gestochen. Den Wurzelballen schützt man mit einem Ballentuch, bei großen (Solitär-) Pflanzen ummantelt man ihn zusätzlich mit einem Drahtkorb, damit sich beim Transport keine Erde zwischen den Wurzeln lockert und aus dem Ballen rieselt. Auf diese Weise erhalten Sie einen ausreichend großen Anteil an aktiven Wurzeln, und die Grundversorgung des Gehölzes mit Wasser und Nährstoffen am neuen Standort ist sichergestellt.

Sowohl bei wurzelnackten als auch bei Pflanzen mit Ballen geht beim Roden ein großer Teil der Wurzeln verloren, deswegen werden sie in der Regel nicht während der Wachstumsperiode verpflanzt. Pflanzen in Töpfen und Kübeln („Containern“) können dagegen ganzjährig gepflanzt werden, da ihre Wurzeln nicht in dem Maße geschädigt werden. Wenn sie zu lange im selben Topf standen, kann ihr Wurzelwerk allerdings die Topfform annehmen, es bilden sich Ringwurzeln, die das Anwachsverhalten sowie die spätere Standfestigkeit solcher Pflanzen beeinträchtigen. Außerhalb der Wachstumsperiode sind (je nach Größe und Pflanzenart) wurzelnackte Gehölze oder Pflanzen mit Ballen daher gegenüber Containerpflanzen nicht unbedingt im Nachteil.

### Pflanze vorbereiten

Vor der Pflanzung entfernt man den Container. Ballentuch und Drahtkorb können dagegen am Ballen belassen werden, da das Tuch aus Jutefasern und der Drahtkorb aus unverzinktem Eisendraht besteht, die beide im Boden langsam verrotten. Nur wenn der Wurzelhals (die Stammbasis) durch verknotetes Ballentuch eingeschnürt werden könnte, werden die Knoten aufgeschnitten, das Tuch aber nicht entfernt. Verletzte, abgeknickte Wurzeln und beschädigte Spitzen stärkerer Wurzeln schneidet man vor der Pflanzung mit einer scharfen Schere ab. Ist an der Topfwand von Containerpflanzen ein dichtes, kreisförmig wachsendes Wurzelwerk zu sehen, solllte man es durch mehrere senkrechte Schnitte mit einem scharfen Messer und nötigenfalls einer Schere durchtrennen, um die Bildung neuer Wurzeln zu fördern und das Wachstum von Ringwurzeln zu unterbrechen. Sind die Wurzeln oder der Ballen (auch aus dem Container) vor der Pflanzung trocken, werden die Pflanzen gründlich gewässert oder in einer Wanne in Wasser getaucht. Die Erde im Ballen sollte sich anfühlen wie ein feuchter, ausgewrungener Schwamm, sonst ist sie zu trocken.

### Pflanzloch ausheben

Das Pflanzloch sollte einen mindestens eineinhalbfachen Durchmesser haben wie der Ballen selbst, bei schwierigen Bodenverhältnissen auch größer. Nach unten muss das Wasser aus dem Pflanzloch unbedingt abfließen können. Bei lockerem Unterboden reicht eine Pflanzlochtiefe von etwas mehr als der Ballengröße. Wenn Bodenverdichtungen (häufig bei Neubaugrundstücken) vorliegen, sollte man unbedingt versuchen, diese mit dem Spaten zu lockern, auch wenn das Pflanzloch dabei sehr tief ausgehoben werden muss. In diesem Fall füllt man den gelockerten Aushub wieder ins Pflanzloch ein, in der oberen Bodenschicht (Höhe der Pflanzenwurzeln) kann man ihn mit reifem Humus im Verhältnis von etwa drei Teilen Boden zu einem Teil Humus verbessern. Dabei sollte man den Humus aber nicht direkt unter den Pflanzenballen geben! Dieser Humus kann zum Beispiel Torf, Rindenhumus oder gut verrotteter, nicht zu salzhaltiger Kompost sein. Die Pflanzen werden nicht tiefer gepflanzt, als sie in der Baumschule gestanden haben – eher etwas höher, denn bei zu tiefer Pflanzung können die Wurzeln unter Sauerstoffmangel leiden.

## Gründlich wässern und stützen

Nach der Pflanzung sollten die Pflanzen gründlich gewässert werden, damit ihre Wurzeln besseren Kontakt zum umgebenden Boden bekommen. Dafür hat sich der Begriff „Einschlämmen" eingebürgert, der aber nicht dahingehend missverstanden werden darf, dass die Bodenstruktur durch zuviel Wasser zur „Pampe" wird. Dünger sollte man möglichst nicht mit ins Pflanzloch geben – es sei denn, Sie verwenden ummantelten Depotdünger, dessen Nährstoffe nur langsam durch die Kunstharzhülle diffundieren und so die Gefahr der Versalzung minimieren.

Größere Pflanzen müssen mit Pfählen verankert werden, damit sie nicht von Sturmböen umgeworfen werden können. In der Anwachsphase während der Vegetationsperiode kann so ein Umwerfen oder auch nur ein leichtes Kippen bei Sturm den Tod der Pflanze bedeuten, da die jungen, für die Wasserversorgung wichtigen Wurzeln dabei abreißen.

## Unterpflanzung

Genau wie jede andere Unterpflanzung oder Verunkrautung konkurriert Rasen mit den Wurzeln des Formgehölzes um Wasser und Nährstoffe. Zumindest in den ersten Jahren nach der Pflanzung sollte daher die Baumscheibe um das Gehölz frei von Aufwuchs gehalten werden. Später kann bei größeren, durchsetzungsfähigen Formgehölzen die Unterpflanzung bis an die Pflanzenbasis heranwachsen. Steht das Formgehölz auf dem Rasen, ist eine Baumscheibe nach wie vor empfehlenswert, damit leichter gemäht werden kann, ohne die Stammbasis des Formgehölzes zu beschädigen.

## Späteres Verpflanzen

Gehölze, die im Garten stehen, können noch einige Jahre nach dem Anwachsen verpflanzt werden. Je länger die Pflanze an ihrem Standort steht, desto höher ist das Risiko, dass sie das Umpflanzen nicht übersteht. Die Verpflanzbarkeit ist außerdem abhängig von der Pflanzengattung und dem Zeitpunkt. Als Grenze gelten meist vier bis sechs Jahre Standzeit. Günstige Verpflanzzeitpunkte sind Frühjahr (März/April) und Herbst (Oktober/November).

1

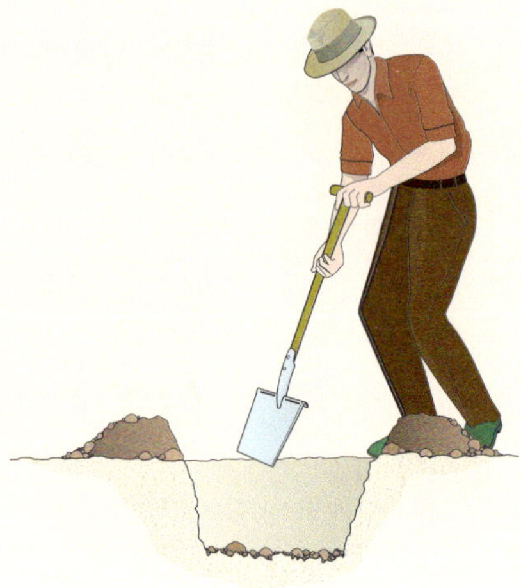

In den Arbeitsschritten 1 bis 4 wird das Ausheben eines Pflanzlochs bis zum Anbinden und Angießen der Pflanze gezeigt.

**1.** Das Pflanzloch soll etwa 1,5mal so groß wie der Ballendurchmesser sein. Boden und Rand mit dem Spaten lockern.

2

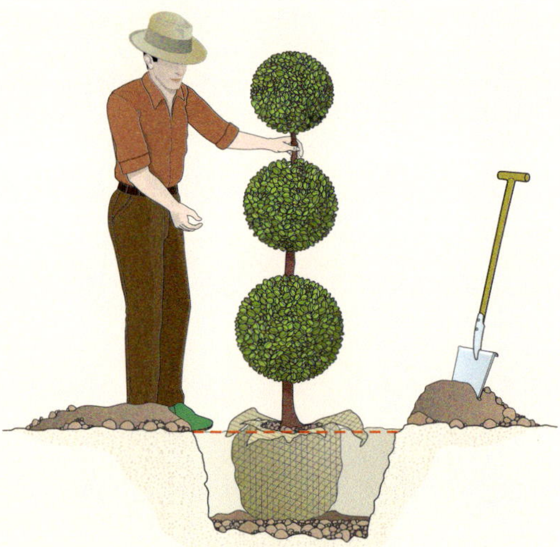

**2.** Pflanze einsetzen: Niemals tiefer als in der Baumschule, evtl. etwas höher (rote Linie = Höhe der Bodenoberfläche).
Knoten des Ballentuchs öffnen, um das Einschnüren des Wurzelhalses und Einwachsen des Ballentuchs zu verhindern.

**3.** Erde neben dem Ballen festtreten, sodass sich ein Gießrand bildet. Er verhindert, dass beim Gießen das Wasser abfließt, ohne an die Wurzeln zu gelangen.

3

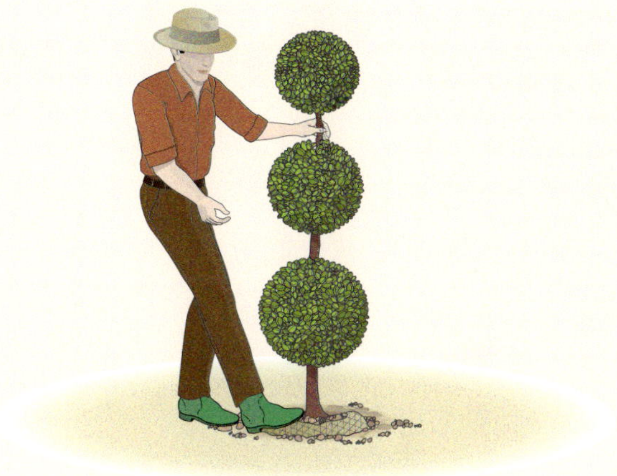

**4.** Eventuell etwas Dünger streuen (a), angießen (b), einen Pfahl zur Befestigung (c) schräg neben den Ballen einschlagen, mit „Achterschlaufe“ anbinden. Anfangs- und Endpunkt sollten beim Pfahl liegen; zusätzlich zum Knoten kann man eine Metallkrempe in den Pfahl einschlagen.
Der Pfahl sollte mit seiner Stirnseite gegen die Hauptwindrichtung gesetzt werden, damit er das Gehölz stabilisieren kann.

4

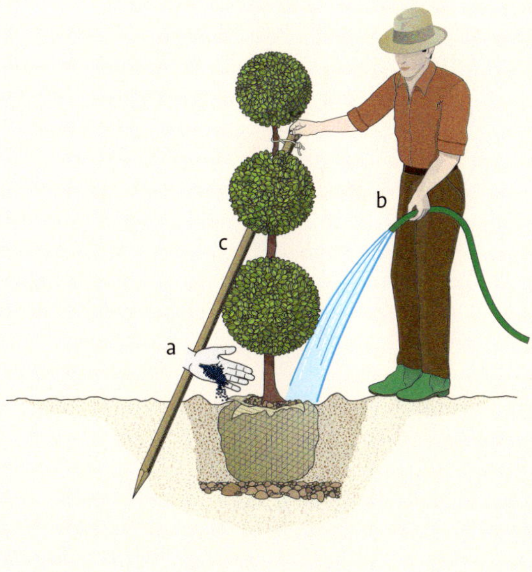

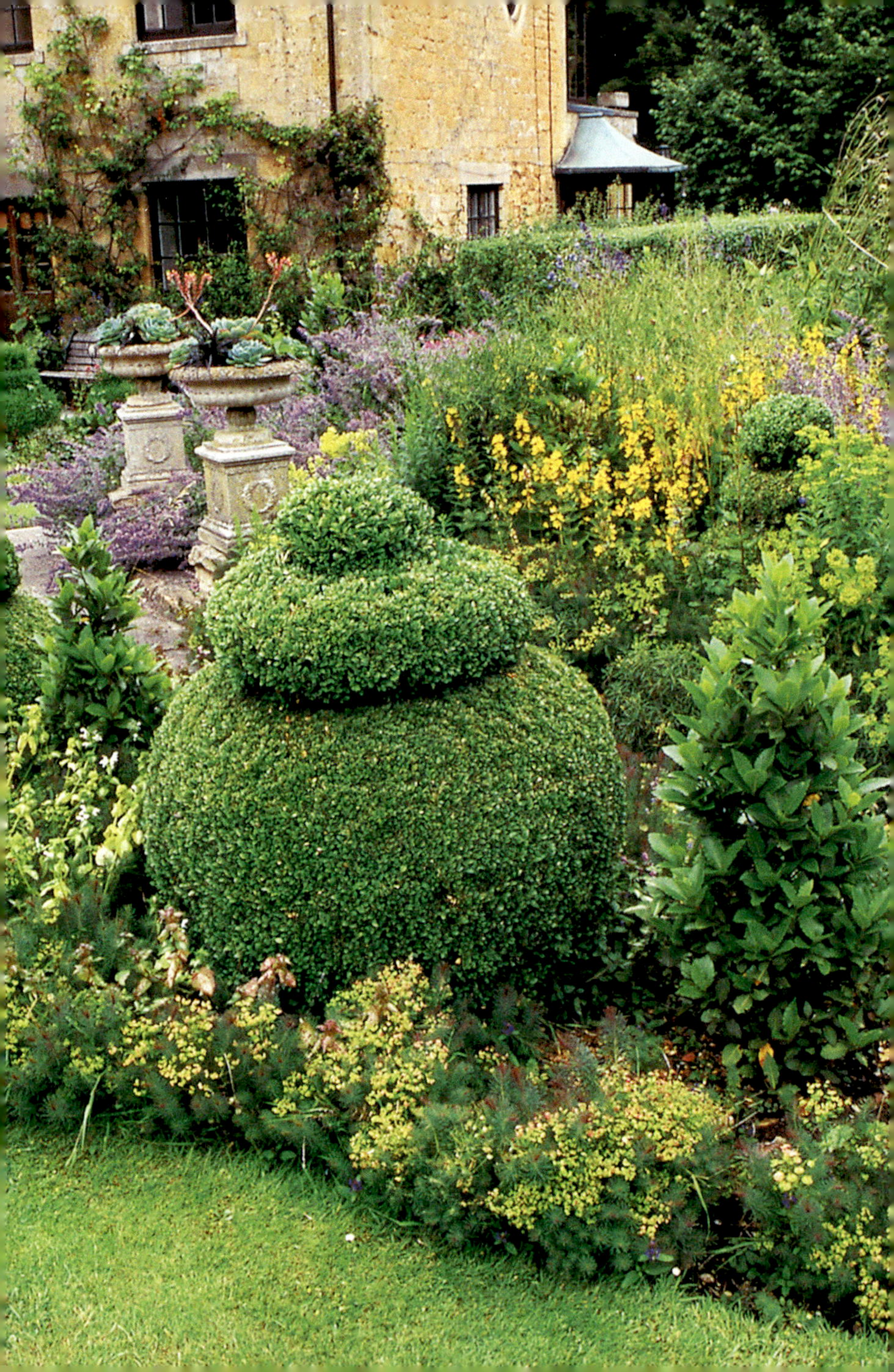

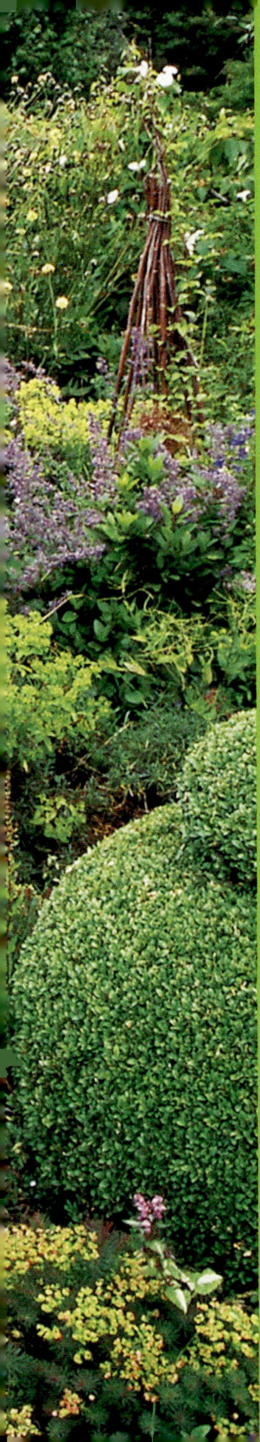

# Die verschiedenen Schnittmethoden

Formgehölze werden mit unterschiedlichen Methoden geschnitten, die in diesem Kapitel erläutert werden.

## Basiswissen zum Schneiden

Starke Eingriffe wie der Verjüngungsschnitt oder der Aufbauschnitt, bei denen ein großer Teil der Triebe entfernt wird, werden am besten im März oder April vor dem Austrieb und nach dem letzten Auftreten starker Fröste durchgeführt. Einen Pflegeschnitt, bei dem die Form erhalten werden soll, kann man fast zu jeder Zeit vornehmen. Nur bei Frost oder extremer Sonneneinstrahlung sollte man darauf verzichten, um Schäden an den Schnittstellen sowie an dem freigelegten, übrig bleibenden Laub möglichst gering zu halten.

Der günstigste Schnitttermin ist, wenn der Neuaustrieb auszureifen beginnt oder ausgereift ist. Wird zu früh geschnitten, treibt die Pflanze sehr schnell wieder aus, und eine zusätzliche Schnittmaßnahme wird notwendig. Wird zu spät geschnitten, sind inzwischen häufig die tiefer liegenden Zweige und Knospen verkümmert und treiben nur schwach wieder aus. Die freigelegten Blätter waren außerdem länger schattiert und sind empfindlicher gegen Sonnenbrand. Darüber hinaus ist in vielen Fällen die ursprüngliche Gehölzform nur noch schwierig zu erkennen und nur mühsam wiederherzustellen.

Je nach Art und Gattung sind die Schnitttermine etwas unterschiedlich. Buchsbaum treibt besonders früh und kann daher oft schon im Mai zum ersten Mal geschnitten werden. Je nach Wuchskraft der Pflanze ist dann meist noch ein zweiter und manchmal sogar ein dritter Schnitt nötig. Der letzte Schnitt sollte Ende September bis Anfang Oktober erfolgen, da Buchsbaum auf einen Schnitt Ende August oder Anfang September häufig noch mit einem Austrieb reagiert. Diese Triebe reifen bis zu den ersten stärkeren Frösten nicht mehr aus und erfrieren dann. Das schadet den Pflanzen zwar nicht, sieht aber hässlich aus.

Eiben und die meisten anderen Gehölzgattungen werden im Juni geschnitten, gelegentlich ist ein zweiter Schnitt im Hochsommer nötig.

Kiefern sind die einzigen Formgehölze, bei denen der Schnittzeitraum sehr eng ist. Je nach Art werden die Triebe („Kerzen") Anfang bis Ende Mai zurückgeschnitten oder ausgebrochen, sobald sie ihre Länge erreicht haben, aber bevor die jungen Nadeln völlig entfaltet sind. Der Schnitttermin richtet sich nach dem jeweiligen Austriebszeitpunkt der unterschiedlichen Kiefernarten: Berg-Kiefern (*Pinus mugo*) und Wald-Kiefern (*Pinus sylvestris*) treiben früh

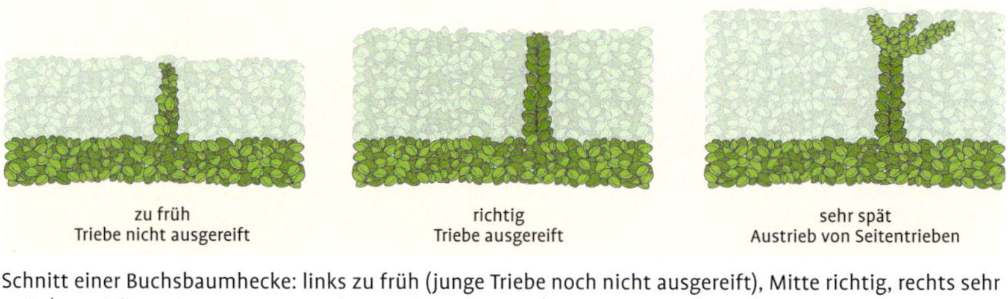


Schnitt einer Buchsbaumhecke: links zu früh (junge Triebe noch nicht ausgereift), Mitte richtig, rechts sehr spät (Austrieb von jungen Seitentrieben an der Triebspitze).

und Schwarz-Kiefern (*Pinus nigra* subsp. *nigra*) spät aus. Bei zu spätem Schnitt bilden sich an der Schnittstelle keine oder nur wenig Knospen für den Austrieb im nächsten Jahr.

Wie die menschliche Haut, so ist auch Pflanzengewebe empfindlich gegen ultraviolettes Licht der Sonne, wenn es nicht daran gewöhnt ist. Das spielt zum einen eine Rolle, wenn Kübelpflanzen aus ihren lichtarmen Überwinterungsquartieren geräumt werden. Aber auch nach dem Schnitt von Hecken oder Formgehölzen können die freigelegten Blätter und Triebe, die bis dahin im Schatten des Neuaustriebs standen, durch die Sonne geschädigt werden. Daher sollte man Hecken und Formgehölze nicht bei starker Sonneneinstrahlung schneiden. Allerdings kann auch durch Sonneneinstrahlung an einem der folgenden Tage nach dem Schnitt ein Sonnenbrand entstehen. Daher ist es wichtig zu schneiden, sobald der Neuaustrieb ausreichend entwickelt ist, damit die alten Blätter nicht zu lange durch die neuen Triebe schattiert und dadurch empfindlich werden. Bei besonders empfindlichen Gehölzen und hoher Sonneneinstrahlung sollte man nach dem Schnitt Schattierleinen auflegen.

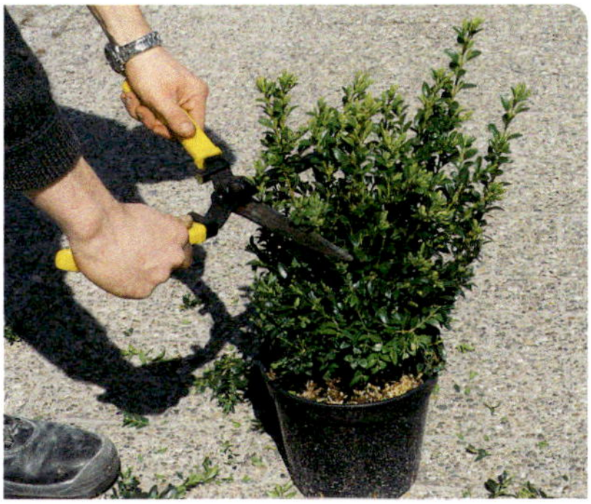

Um den Buchs in eine Kugelform zu bringen, werden zunächst die Seitentriebe an der Basis geschnitten und daraufhin die Höhe festgelegt.

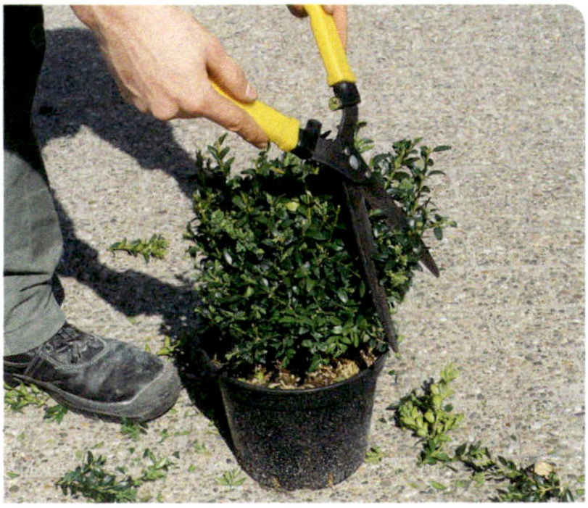

Dann werden die Seiten gestutzt und rundlich zurechtgeschnitten.

## Pflanzschnitt der Jungpflanze

Pflanzen, aus denen Formgehölze geschnitten werden sollen, müssen vor starken Schnitteingriffen im Boden gut angewachsen sein. Jungpflanzen wie auch größere Ausgangspflanzen werden daher mehrere Jahre vor dem Beginn des Erziehungsschnitts (siehe Seite 21) gepflanzt, und man achtet beim Pflanzschnitt schon auf die Form, zu der die Pflanze später erzogen werden soll.

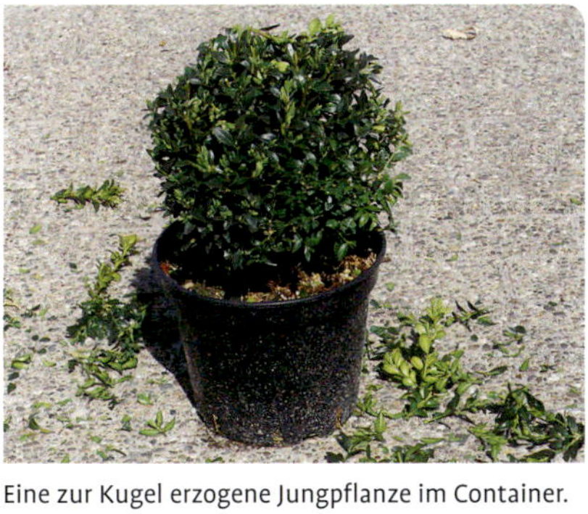

Eine zur Kugel erzogene Jungpflanze im Container.

Bei wurzelnackten Pflanzen oder Pflanzen mit Ballen ist je nach Pflanzenart und -größe meist ein verhältnismäßig starker Rückschnitt an den Trieben nötig, um den Verlust der Wurzeln durch die Rodung auszugleichen. Das gilt besonders für laubabwerfende Pflanzen wie Hainbuchen, Weißdorn oder Liguster. Eiben werden dagegen je nach Größe und Qualität weniger oder gar nicht zurückgeschnitten. Buchsbaum und Kiefern erhalten normalerweise keinen Pflanzschnitt. Bei Pflanzen, die später zu Kugeln oder breiteren Formen gezogen werden sollen, muss der Rückschnitt so erfolgen, dass sie entsprechend reich verzweigen

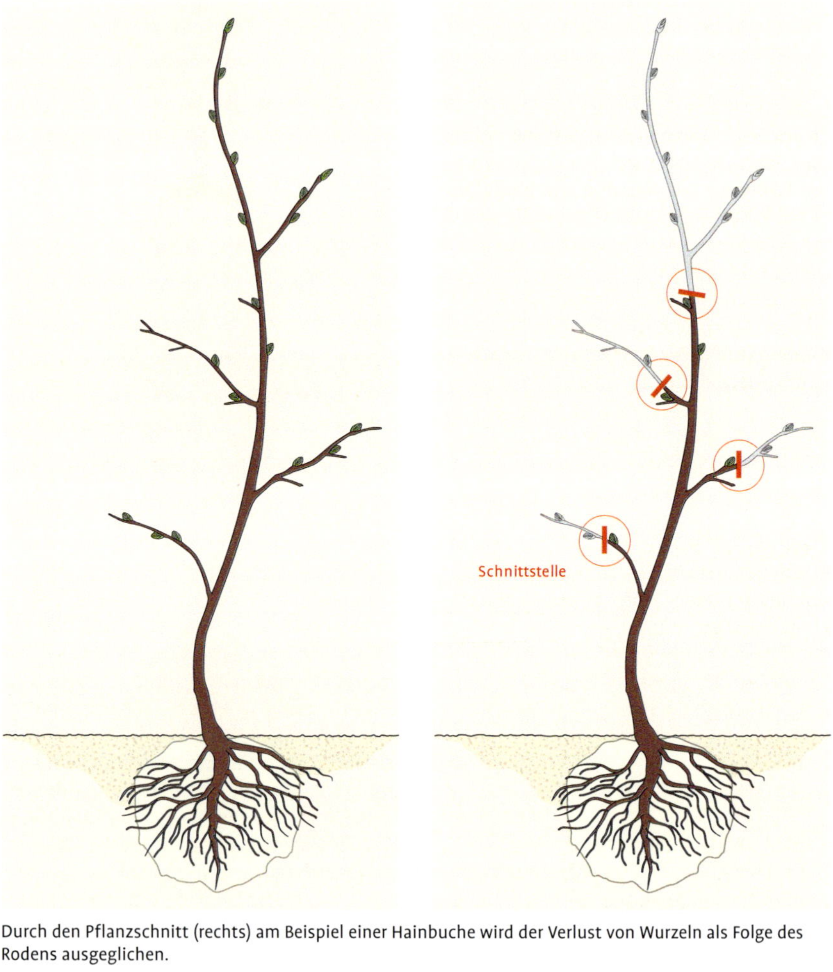


Durch den Pflanzschnitt (rechts) am Beispiel einer Hainbuche wird der Verlust von Wurzeln als Folge des Rodens ausgeglichen.

und von der Basis austreiben. Bei Pflanzen, die einen Stamm bilden sollen, kann man einen Teil des Mitteltriebs stehen lassen (siehe Zeichnung Seite 20).

Frische, größere Wunden ab etwa 1–3 cm Durchmesser können bei Laubgehölzen direkt nach dem Schnitt mit einem Wundverschlussmittel verstrichen werden. Dadurch wird das Austrocknen der Wundränder verhindert und das Wundgewebe (Kallus) kann die Wunde schneller verschließen. Ältere, trockene Wunden sollte man nicht verstreichen, weil durch den Belag das inzwischen abgestorbene Holz feuchter bleiben würde und Fäulniserreger sich leichter ausbreiten könnten. Die Wunden von Nadelgehölzen brauchen ebenfalls nicht verschlossen zu werden, weil das Gewebe dieser Pflanzen nicht so stark austrocknet wie bei Laubgehölzen. Grundsätzlich gilt, dass Wunden immer möglichst klein bleiben und keine Aststümpfe („Huthaken“) zurückbleiben sollten.

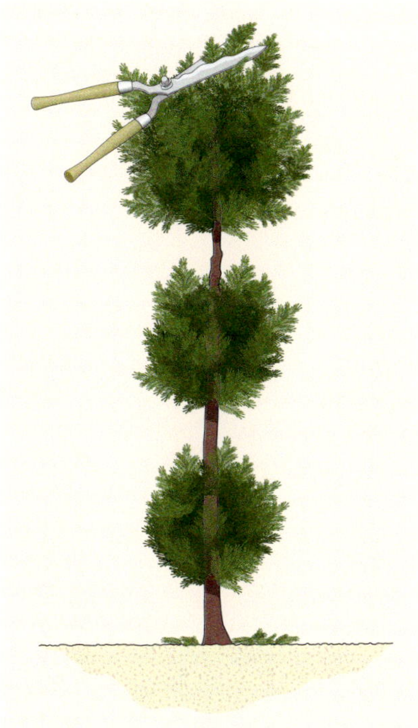

Freier Schnitt wird nach Augenmaß ohne Schablone durchgeführt.

## Erziehungsschnitt

### Freier Schnitt

Einfache Formen wie Kugeln oder Tropfen werden meist ohne Hilfsmittel frei Hand geschnitten. Um eine ansprechende Form zu erzielen, ist allerdings viel Geduld und Augenmaß nötig. Der Mitteltrieb von Stämmchen kann durch Heften an einen Bambusstab gerade gehalten werden.

### Schnitt mit Hilfsmitteln

Beim Formieren von Gehölzen müssen häufig Zweige an Stäbe oder Schablonen gebunden („geheftet“) werden. Für dünne Triebe benutzt man dazu am besten Naturbast. Er ist gut zu verarbeiten und verrottet meist innerhalb eines Jahres. Wenn der angebundene Trieb dicker wird, schneidet Naturbast selten ein, sondern reißt stattdessen durch, da er mürbe geworden ist. Bindfäden und Bast aus Kunststoff wachsen dagegen mit der Zeit in den dicker werdenden Trieb ein, der daraufhin kümmert und bei Wind abbricht. Alle Bindestellen sollten daher mindestens einmal jährlich kontrolliert werden: Sitzt das Bindematerial stramm am Gewebe an und droht einzuwachsen, muss man es unbedingt entfernen, und wenn nötig wird der Trieb etwas lockerer neu gebunden. Bei dickeren Zweigen

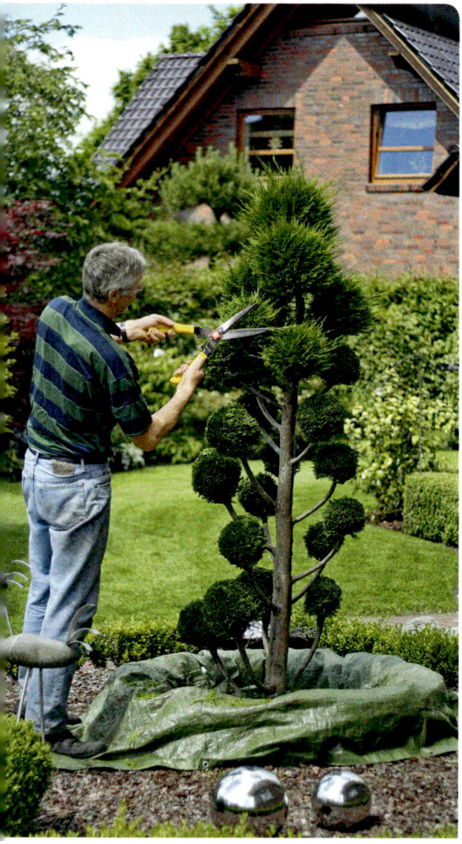

Freier Schnitt an einer Orient-Pompon-Form, eine Plane am Boden fängt das Schnittgut auf.

können die Naturmaterialen Sisalband („Strohband“) sowie Kokosstrick verwendet werden oder Hohlschnur aus Kunststoff, die elastisch ist und daher nicht so leicht einschneidet. Auch bei dickeren Ästen müssen alle Bindestellen mindestens einmal jährlich kontrolliert werden.

Soll etwas Abstand zwischen Trieb und Gerüst beziehungsweise Stab gelassen werden, kann man das Band in der Form einer „Acht“ schlingen, sonst wird es als Schlinge gebunden. Der Knoten sollte dabei nicht über der Rinde des Zweiges, sondern am Stab bzw. Gestell festgebunden werden, um Beschädigungen der Rinde durch das Verknoten zu vermeiden.

## Erhaltungsschnitt

Hat man eine Form durch mehrjährigen Erziehungsschnitt herangezogen oder ein fertiges Formgehölz erworben und gepflanzt, kann es durch die richtigen Schnitt- und Pflegemaßnahmen lange Zeit in derselben Form gehalten werden. In historischen Parkanlagen stehen Formgehölze aus Eiben, die über hundert Jahre alt sind.

Um die Form zu erhalten, sollte man möglichst wenig Neuzuwachs zulassen. Wenige Millimeter reichen meist aus. Sobald der Austrieb im Frühjahr/Frühsommer auszuhärten beginnt, wird er bis auf möglichst kurze Ansätze durch Schnitt entfernt. Schneidet man zu früh, sind noch nicht alle Knospen ausgetrieben, und es folgt ein schneller Neuaustrieb. Das macht einen zweiten Schnitt erforderlich, schadet der Pflanze aber nicht. Ein zu später Schnitt ist schlimmer, es entstehen größere Schnittwunden und die Form wird zu licht und locker.

Beim Schnitt wird häufig der Fehler gemacht, dass stark austreibende Pflanzenteile schwächer geschnitten und schwächer austreibende Teile stärker zurückgeschnitten werden. Für einen richtigen Schnitt muss genau umgekehrt verfahren werden. Dort, wo die Pflanze stark austreibt – das ist aufgrund der Spitzenförderung der obere Teil –, wird der Neuaustrieb besonders stark geschnitten und in dem unteren Teil even-

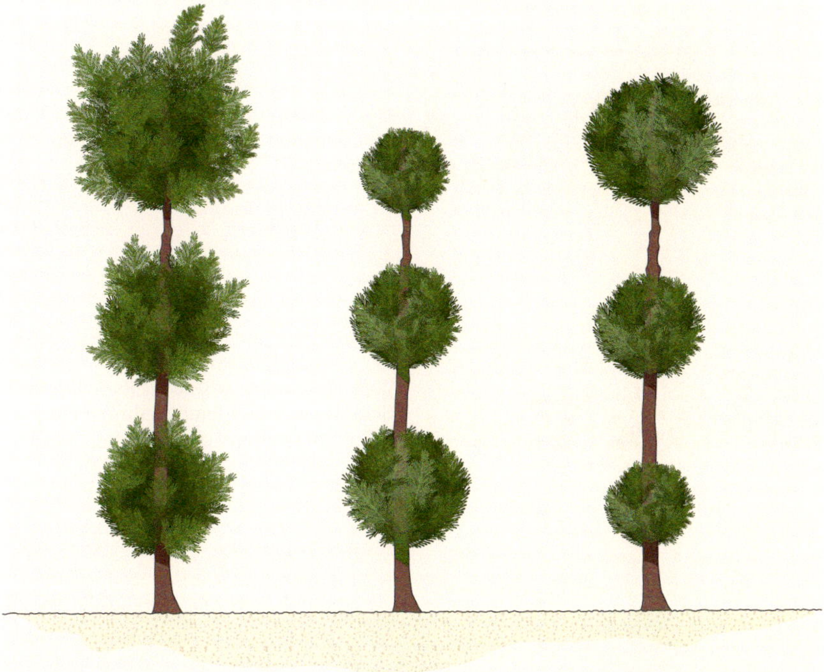


Beim Erhaltungsschnitt müssen die oberen Teile der Pflanze meist stärker (mittlere Pflanze) geschnitten werden als die unteren.

tuell etwas schwächer, besonders dort, wo Lücken zu entstehen drohen. So kann das Gleichgewicht der Proportionen erhalten werden. Sonst wird die Pflanze „kopflastig“, und die unteren, schwächer austreibenden Pflanzenteile werden locker und verkümmern.

## Verjüngungsschnitt

Ein Verjüngungsschnitt wird gelegentlich bei vergreisten, zu großen oder aus der Form geratenen geometrischen Hecken durchgeführt. Dafür kann die Pflanze „auf den Stock gesetzt werden“, sie wird also etwa 10–20 cm über dem Boden abgeschnitten. Hierbei sollte man beachten, dass nur wenige Gehölzarten eine solche „Radikalkur” vertragen. Wurde die Pflanze auf den Stock gesetzt, muss man aus den neuen Austrieben einen Mitteltrieb wählen und durch Anheften an einen Bambusstab gerade ziehen. Daher ist diese Methode sehr arbeitsaufwändig und nur dann sinnvoll, wenn die vergreiste Hecke sehr stark verzweigt war und keine brauchbaren Mitteltriebe besaß. Meist bleiben die Mitteltriebe stehen, und nur die Seitentriebe werden stark eingekürzt. Bei Hecken, die nicht sehr austriebsfreudig sind (zum Beispiel Rot-Buchen), kann zunächst eine Seite zurückgeschnitten werden und nach einem Jahr, wenn diese Seite ausgetrieben hat, die andere. Dadurch werden die Wurzeln gleichmäßiger mit Assimilaten (energiereichen Stoffwechselprodukten der Photosynthese) versorgt, als wenn alle jungen Zweige auf einmal entfernt werden.

Einen starken Rückschnitt ins alte Holz vertragen Eibe (*Taxus*), Buchsbaum (*Buxus*) und Hainbuche (*Carpinus*). Etwas vorsichtiger muss man bei der Rot-Buche vorgehen. Bei Lebensbaum (*Thuja*) und Scheinzypresse (*Chamaecyparis*) ist ein Verjüngungsschnitt nicht ratsam, da diese Pflanzen nicht oder nur sehr schwach aus dem alten Holz austreiben.

Ähnlich wie bei Hecken kann bei einfachen geometrischen Formen (z. B. bei Kugeln) verfahren werden. Bei komplizierteren Formen wie Skulpturen ist ein Verjüngungsschnitt meist nicht sinnvoll, da sie danach völlig neu aufgebaut werden müssten.

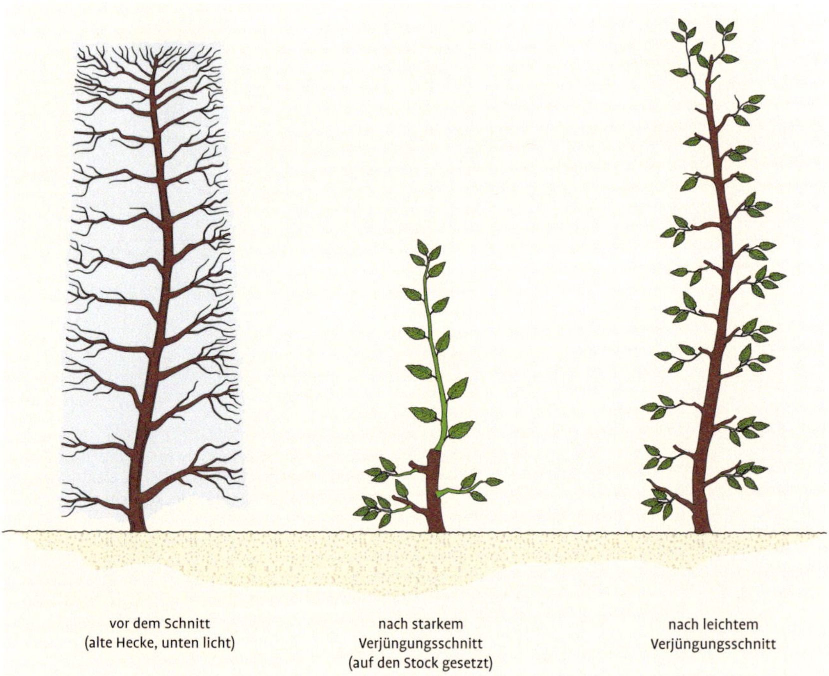


Ältere, vergreiste Hecken werden an den Seiten zurückgeschnitten (rechte Pflanze). Wenn sie keinen geraden Mitteltrieb besitzen, können sie „auf den Stock gesetzt" werden (mittlere Pflanze).

# Schnittwerkzeuge und Hilfsmittel

## Rosenschere

Mit der Rosen- oder Rebschere werden einzelne Triebe entfernt. Sie ist besonders für den Pflanzschnitt und für den Erziehungsschnitt geeignet. Aber auch einzelne Triebe, die für Heckenscheren zu dick sind, kann man mit der Rosenschere entfernen.

Außer der in der Praxis bewährten abgebildeten Schere mit traditioneller Klingenstellung gibt es auch „Ambossscheren“, deren obere Klinge beim Schneiden nicht neben die untere Klinge gleitet, sondern sich auf sie wie auf einen Amboss legt. Dadurch soll die Schnittfläche weniger gequetscht werden. Bei der traditionellen Klinge entsteht dagegen durch die untere Klinge immer eine leichte Quetschung an der Schnittstelle. Daher sollte diese Schere beim Schneiden mit der oberen Klinge zur Pflanze hin gehalten und im Uhrzeigersinn um die Pflanze herum gearbeitet werden. Dann entsteht die Quetschung am abgeschnittenen Pflanzenteil.

Beim Kauf sind alle Modelle scharf, wenn die Klingen jedoch aus minderwertigem Stahl bestehen, werden sie schnell stumpf. Für Profi-Gärtner und Gartenliebhaber, die sie häufiger beanspruchen, lohnt daher die Anschaffung teurerer Markenprodukte mit Klingen aus gehärtetem Stahl, die lange scharf bleiben. Außerdem können bei solchen Scheren Klingen und andere Teile ausgetauscht werden, wenn sie zerbrechen. Nach der Arbeit sollten sie gereinigt und geölt werden, damit sie nicht rosten.

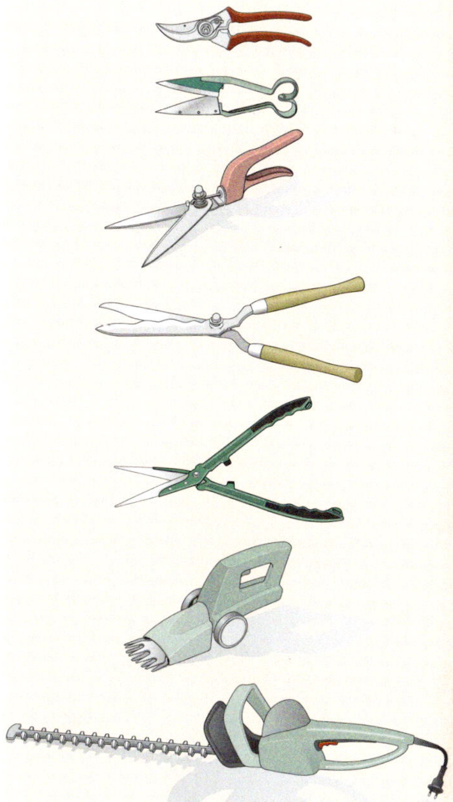

Schnittwerkzeuge von oben nach unten: Rosenschere, Schafschere, Rasenkantenschere, Heckenschere mit gewellten langen Klingen, Heckenschere mit kurzen Klingen für Formgehölze, elektrische Rasenkantenschere, Motor-Heckenschere.

## Schafschere

Schafscheren sind eigentlich für die Schafschur vorgesehen. Dafür müssen sie besonders scharf sein, was dieses Modell auch für den Schnitt von Formgehölzen mit feinen Trieben sehr interessant macht. Außerdem federn sie von selbst in die offene Stellung zurück. Sie werden mit einer Hand gehalten, und dadurch ist die Arbeit mit ihnen über einen längeren Zeitraum sehr anstrengend. Muskelkater im Arm und im schlimmeren Falle Sehnenscheidenentzündung drohen. Für kürzere Arbeitseinsätze oder für Gärtner, die an die Arbeit mit Schafscheren gewöhnt sind, sind sie aber sehr zu empfehlen.

### Rasenkantenschere

Rasenkantenscheren eignen sich gut für den Schnitt junger, weicher Triebe, zum Beispiel von Buchsbaum. Bei etwas verhärteten Trieben blockieren sie allerdings leicht. Die handbetriebene Rasenkantenschere ist, ähnlich wie die Schafschere, sehr ermüdend für die Hand. Bei der akkubetriebenen Elektro-Rasenkantenschere wird die Schnittarbeit mit elektrischer Energie durchgeführt, strengt also nicht an. Durch das Gewicht des Akkus ist sie aber relativ schwer, sodass bei längeren Arbeitseinsätzen der Arm schnell ermüdet. Somit ist sie ebenfalls eher für kürzere Arbeitseinsätze geeignet. Außerdem hält der Akku nicht immer lange genug – vor allem wenn er älter ist –, sodass es empfehlenswert ist, einen aufgeladenen Ersatz-Akku griffbereit zu haben. Außerdem ist das Schärfen der Klingen schwierig. Wenn das nicht möglich ist, sollte man sie in regelmäßigem Abstand ersetzen.

### Heckenschere

Das wichtigste Werkzeug für den Formgehölzschnitt ist die traditionelle, bewährte Heckenschere. Da man sie in beiden Händen hält und mit beiden Armen betätigt, wird die Kraft auf Arm- und Schultermuskulatur gleichmäßig verteilt. So werden Hand und Unterarm weniger belastet als bei Scheren, die mit einer Hand geführt werden. Je nach Größe des Formgehölzes und Struktur werden Scheren mit kürzeren oder längeren Klingen eingesetzt: Je größer und flacher die Fläche ist, desto länger sollte die Klinge sein. Bei Skulpturen und ähnlichen Formen werden daher kürzere Scheren benutzt als für geometrische Hecken. Mit gewellten Schnittflächen können dickere, härtere Triebe besser erfasst werden als mit glatten Schnittflächen.
Zum Schonen der Handgelenke sollte man darauf achten, dass an dem Anschlag der Klingen am Gelenk Gummipuffer sitzen, die beim Schneiden den Aufprall der beiden Metallhälften abfedern.

### Motor-Heckenschere

Für größere Hecken werden in der Regel Motor-Heckenscheren benutzt. In Hausgärten und überall dort, wo Kabel nicht stören, sind das meist Elektro-Heckenscheren, in größeren Anlagen auch Heckenscheren mit Zweitakt-Verbrennungsmotor. Wie bei allen anderen Scheren ist darauf zu achten, dass die Schnittflächen scharf sind, damit nicht zu starke Quetschungen an den Pflanzentrieben entstehen. Die Reinigung und das Einfetten sind natürlich genauso nötig wie bei anderen Scheren, damit sie einsatzbereit bleiben.

Um die Unfallgefahr zu verringern, sollte man unbedingt darauf achten, dass nur moderne Geräte eingesetzt werden, die mit beiden Händen gehalten werden müssen und eine automatische Sperrfunktion besitzen. Für Formgehölze sind Motor-Heckenscheren meist zu unhandlich und werden nur vereinzelt für sehr große Exemplare benutzt.

## Bambusstäbe, Bänder

Bambusstäbe als Hilfsmittel beim Schnitt können – ähnlich wie ein Lineal beim Zeichnen – helfen, gerade Kanten zu erzielen. Mit einem Zollstock werden Bambusstäbe im richtigen Abstand von Stamm oder bestimmten Zweigen angelegt und evtl. durch ein Band aneinander fixiert. Bei Formen wie Spiralen kann man auch Markierungen an den Stäben anbringen und diese immer wieder vor dem Schnitt an denselben Stellen der Pflanzen anbringen, bis die gewünschte Form erkennbar wird.

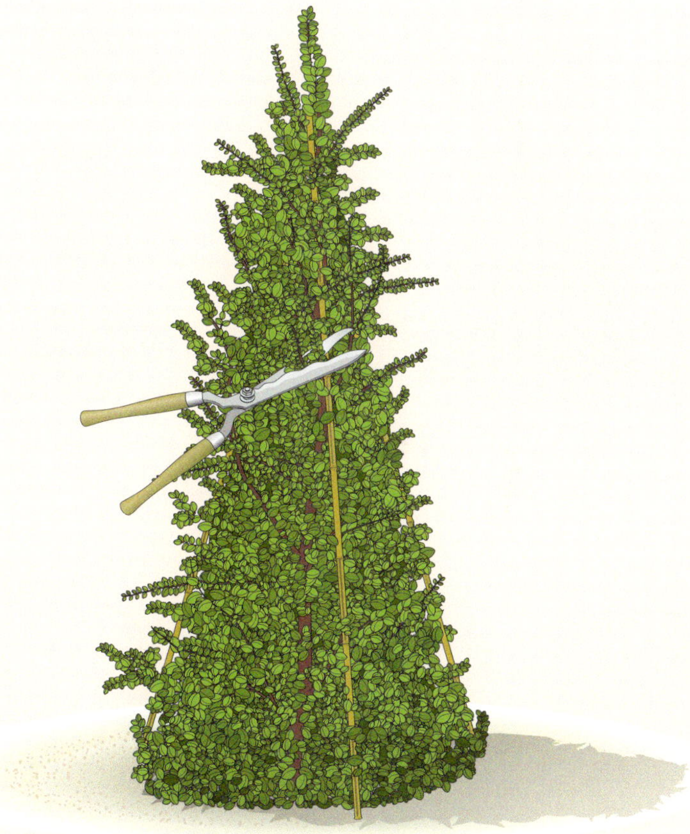

Beim Formieren eines Kegels können drei oder vier Bambusstäbe genutzt werden, um die Seiten gleichmäßig geneigt und gerade zu schneiden.

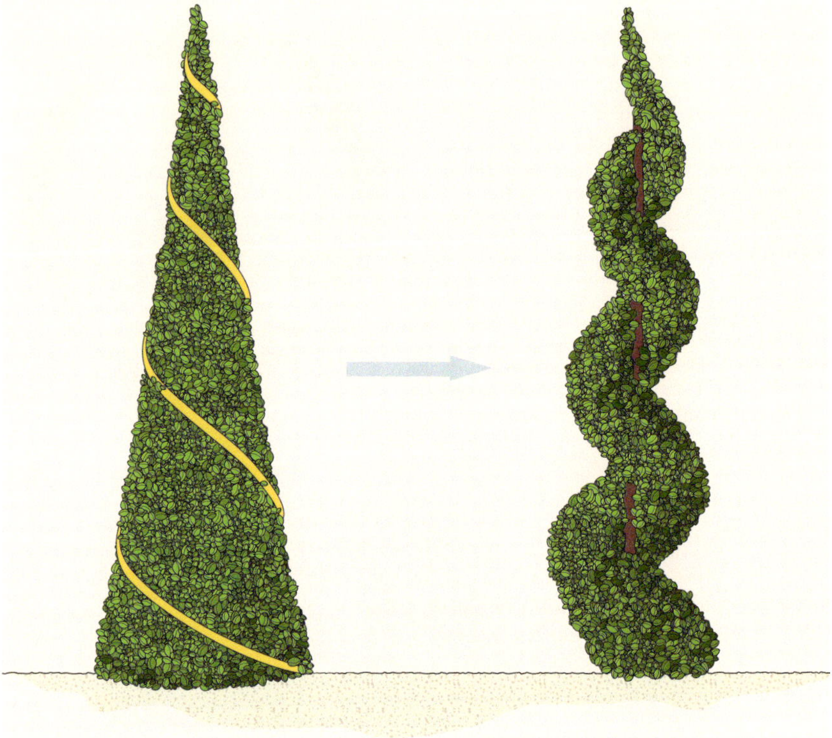

Mit einem Band kann der Verlauf der Wulst einer Spirale festgelegt werden.

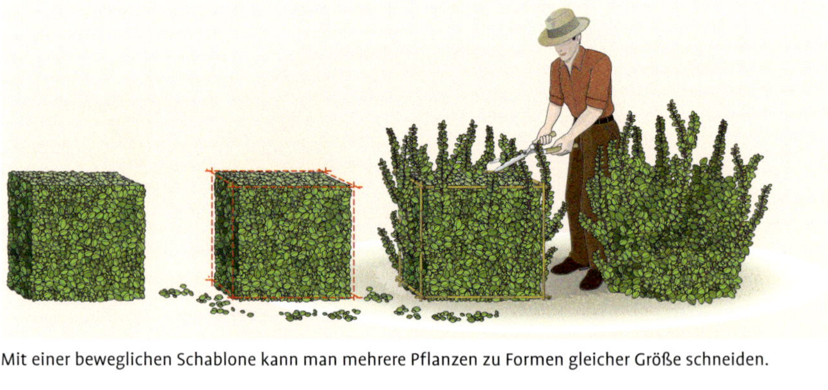

Mit einer beweglichen Schablone kann man mehrere Pflanzen zu Formen gleicher Größe schneiden.

## Bewegliche Schablone

Baumschulen, in denen viele Pflanzen mit gleicher Form angezogen werden, verwenden häufig bewegliche Metallschablonen, die man vor dem Schnitt über die Pflanze stülpt. So kann man sie verhältnismäßig schnell immer in dieselben Maße schneiden. Besonders bei Würfeln oder Quadern hat sich diese Methode bewährt.

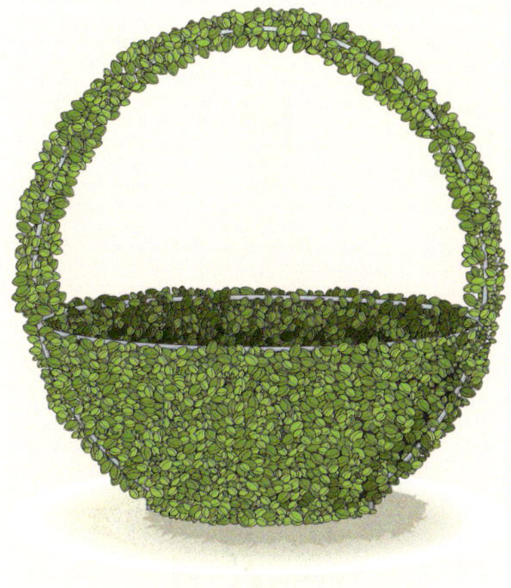

Bei komplizierteren Formen wie diesem Korb helfen feste Schablonen, die an der Pflanze verbleiben.

## Feste Schablone

Kompliziertere Formen, wie Skulpturen oder Stufenformen, werden in der Regel mit festen Schablonen herangezogen. Eine Schablone, die meist aus stabilem Metalldraht oder -stäben besteht, wird an der Pflanze angebracht und verbleibt dort mehrere Jahre, bis die Pflanze entsprechend der Schablone ihre Form erhalten hat. Normalerweise lässt sich die Schablone nicht mehr von der Pflanze lösen. Wenn die Triebe und Blätter der Pflanze sie völlig verdecken, stört sie nicht, wenn aber Teile von ihr an unbewachsenen Stellen sichtbar sind, sollte man versuchen, zumindest die sichtbaren Teile zu entfernen. Außerdem können bei späteren Schnittarbeiten Schäden an Schnittwerkzeugen entstehen, wenn versehentlich in die Schablone geschnitten wird.

Je nach Größe der Schablone liegt die Drahtstärke oft zwischen 1–4 mm. Der Draht sollte verzinkt sein, damit er nicht rostet. Sich kreuzende Drähte werden verschweißt oder mit ummanteltem Wickeldraht verbunden. Meist werden die Schablonen nach den Vorgaben des Gärtners von einem örtlichen Metallhandwerker gebaut, handwerklich begabte Gärtner stellen sie selbst her. Es gibt aber – vor allem in Nordamerika und England – auch einzelne Hersteller

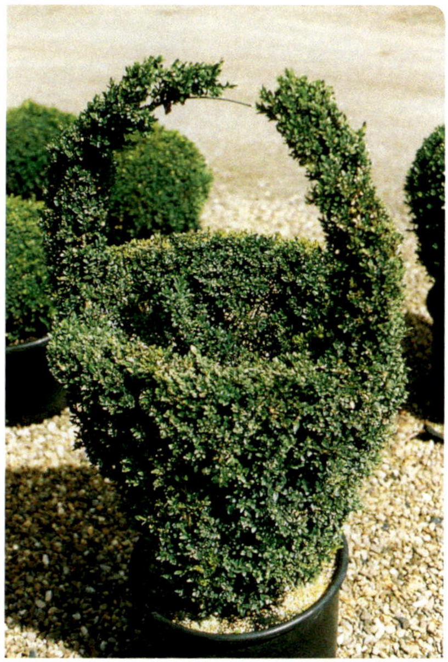

Bei diesem noch nicht ganz fertig geschlossenen Henkel des Buchs-Korbes schaut noch die feste Schablone heraus.

von Formgehölz-Schablonen, die diese zum Kauf anbieten.

## Gefüllte Schablone

Für besonders komplizierte Formen werden gelegentlich Schablonen benutzt, in die die Pflanzen nicht hineinwachsen, sondern an denen sie entlang wachsen. Diese Schablonen sind in der Regel mit *Sphagnum*-Moos und Torf gefüllt und mit kletternden oder kompakt wachsenden Pflanzen besetzt. In kühleren Regionen wird gern Efeu benutzt, in wärmen die Kletterfeige (*Ficus pumila*), außerdem Gräser und Beetpflanzen.

Der Bau solcher gefüllter Schablonen und ihre Pflege erfordern sehr viel Erfahrung. Das Grundgerüst besteht meist wie bei den ungefüllten Schablonen aus stabilem Draht und Metallstäben. Um das Substrat zu halten, ist außerdem ein Kunststoffgitter oder ummantelter Kaninchendraht (Sechseckgeflecht) notwendig. Wenn die Form fertig und bepflanzt ist, müssen die Pflanzen bedarfsgerecht mit Nährstoffen und Wasser versorgt werden. Die Nährstoffversorgung ist vor allem wichtig, wenn die Skulpturen langlebig sein sollen und nicht nur kurzzeitig für eine Veranstaltung gedacht sind.

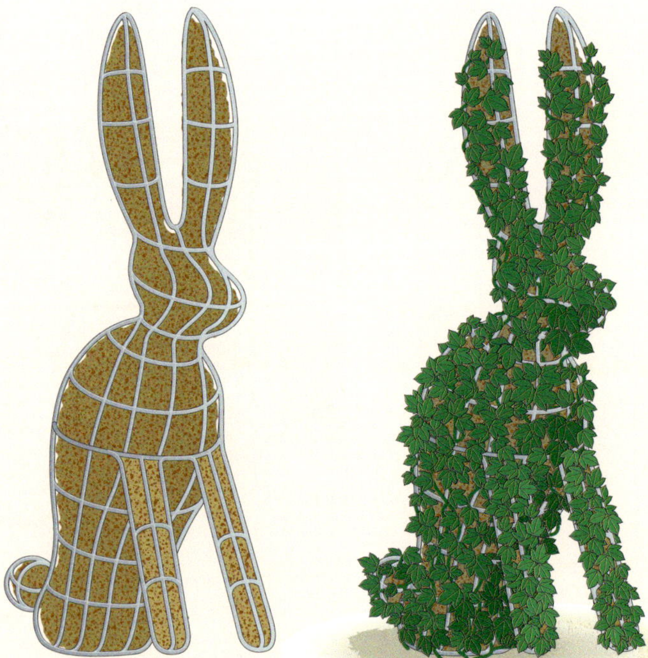

Diese Schablone wurde mit Torf und Moos gefüllt und dann mit Efeu bepflanzt.

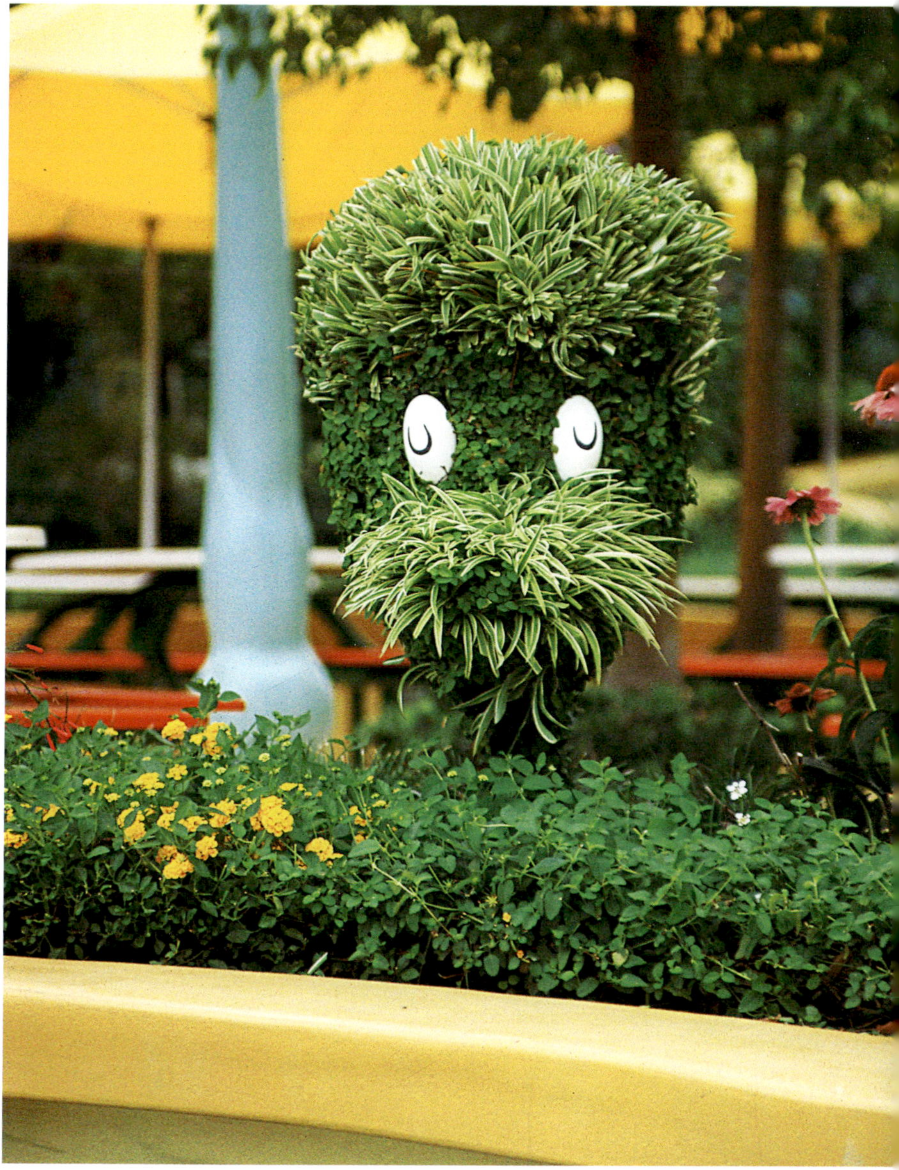

„Kopf“ aus einer gefüllten Schablone, die mit Kletterfeige (*Ficus pumila*) und Lilientraube (*Liriope*) fantasievoll bepflanzt wurde.

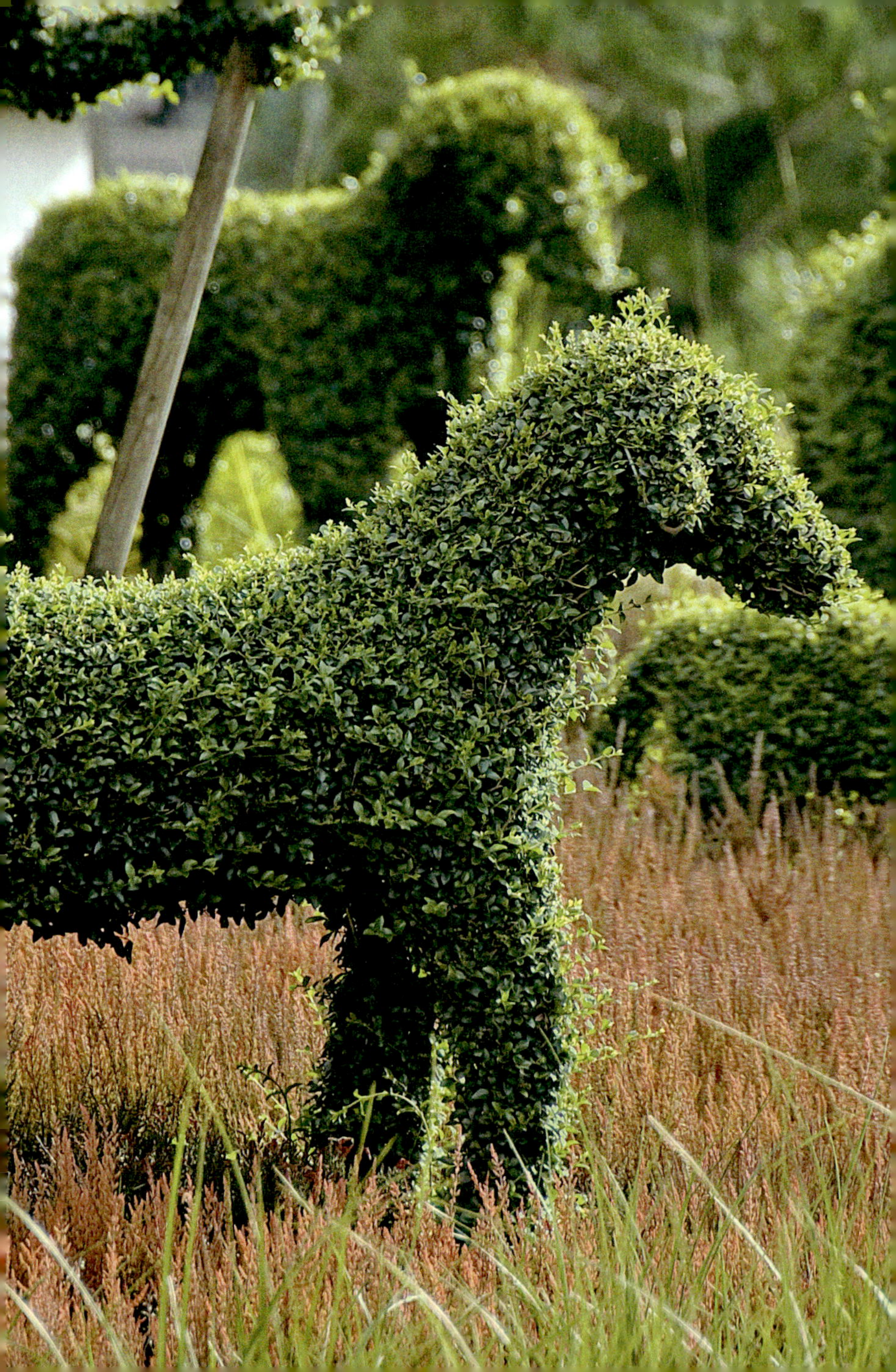

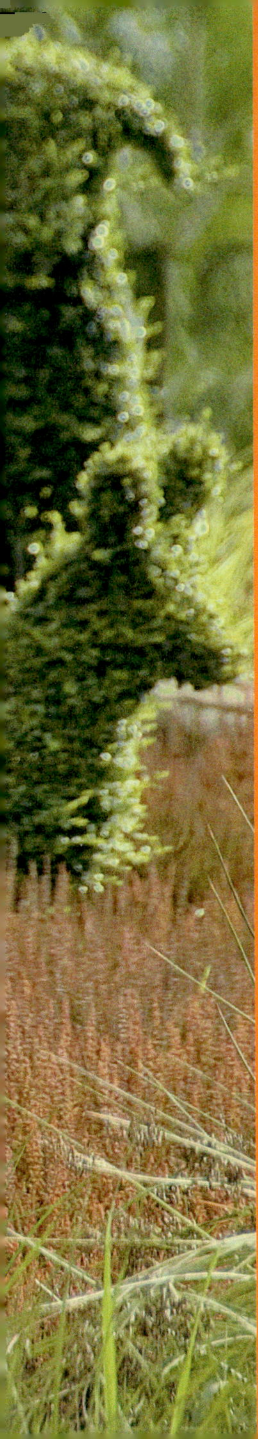

# Formschnitt-Beispiele

Gehölze können in viele unterschiedliche Formen geschnitten werden. Eine Auswahl der wichtigsten werden im folgenden Kapitel vorgestellt.

# Formenvielfalt mit Gehölzen

| Form | Aussehen | Geeignete Pflanzenarten (Beispiele) | Methode/ Hilfsmittel<br>1 = freier Schnitt<br>2 = Bambusstäbe, Bänder<br>3 = bewegliche Schablonen<br>4 = feste Schablonen<br>5 = gefüllte Schablonen | Schwierigkeitsgrad<br>1 = einfach<br>2 = mittel<br>3 = schwierig |
|---|---|---|---|---|
| Würfel, Quader, Kastenform | 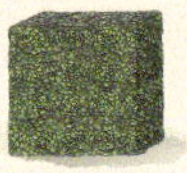 | Buchsbaum, Eibe | 2 oder 3 | 1 bis 2 |
| Pyramide | 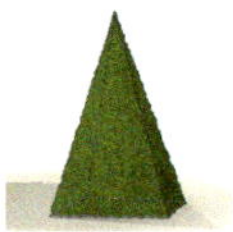 | Buchsbaum, Eibe | 2 oder 3 | 2 |
| Kugel | 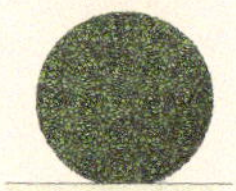 | Buchsbaum, Eibe, Liguster, Stechpalme | 1 | 1 bis 2 |
| Kegel | 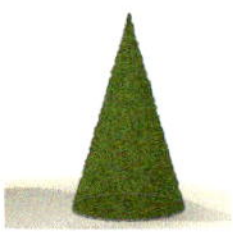 | Buchsbaum, Eibe | 1 oder 2 | 1 |
| Säule, Walze, Zylinder | 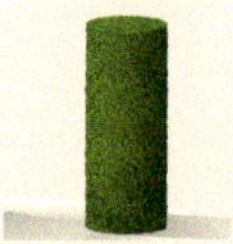 | Buchsbaum, Eibe | 2 | 1 bis 2 |
| Tropfen | 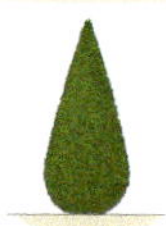 | Buchsbaum, Eibe | 1 | 1 bis 2 |
| Bienenkorb | 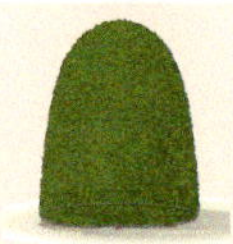 | Buchsbaum, Eibe | 1 | 1 |

| Form | Aussehen | Geeignete Pflanzenarten (Beispiele) | Methode/ Hilfsmittel<br>1 = freier Schnitt<br>2 = Bambusstäbe, Bänder<br>3 = bewegliche Schablonen<br>4 = feste Schablonen<br>5 = gefüllte Schablonen | Schwierigkeitsgrad<br>1 = einfach<br>2 = mittel<br>3 = schwierig |
|---|---|---|---|---|
| Ei | 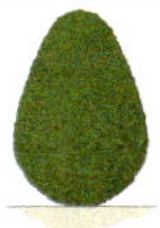 | Buchsbaum, Eibe | 1 | 1 |
| Bogen | 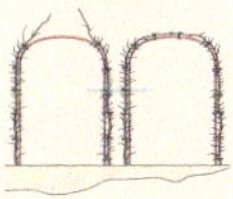 | Hainbuchen, Rot-Buchen, Eiben, Formobst, Kletterpflanzen | 4 | 1 |
| Spirale, Korkenzieher, Spindel | 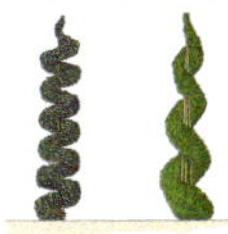 | Buchsbaum, Eibe, Leyland-Zypresse, Lebensbaum | 1 oder 2 | 2 |
| Kugel auf Stämmchen | 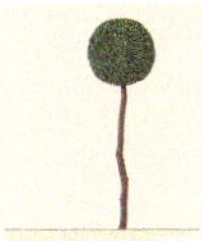 | Buchsbaum, Eibe, Lorbeer | 1 | 1 |
| Etagenform, Stufenform | 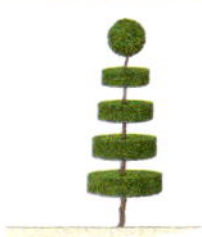 | Buchsbaum, Eibe | 1 oder 4 | 2 |
| Pudel, Mehrfach-Kugel | 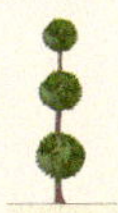 | Buchsbaum, Eibe, Thuja, Scheinzypresse, Leyland-Zypresse, Liguster | 1 | 1 bis 2 |
| Spalier, Baumwand | 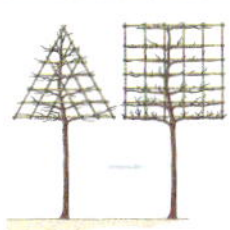 | Linde, Platane, Feuerdorn, Apfel- und Birnbaum | 4 | 2 |

| Form | Aussehen | Geeignete Pflanzenarten (Beispiele) | Methode/ Hilfsmittel<br>1 = freier Schnitt<br>2 = Bambusstäbe, Bänder<br>3 = bewegliche Schablonen<br>4 = feste Schablonen<br>5 = gefüllte Schablonen | Schwierigkeitsgrad<br>1 = einfach<br>2 = mittel<br>3 = schwierig |
|---|---|---|---|---|
| Kasten | 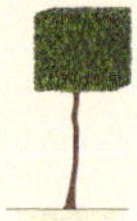 | Linde, Platane | 1 | 2 |
| Dach | 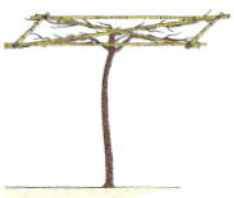 | Platane | 4 | 2 |
| Pinienform | 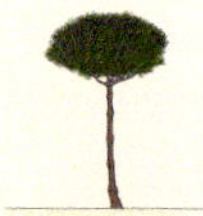 | Schwarz-Kiefer | 1 | 1 |
| Fantasieformen | 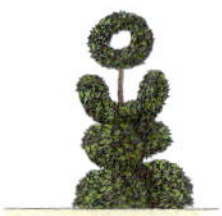 | Buchsbaum, Eibe | 1 | 1 bis 2 |
| Pompon, Orient-Pompon | 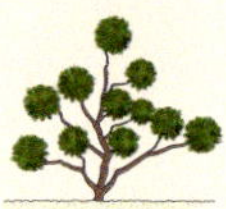 | Wacholder, Leyland-Zypresse, Scheinzypresse | 1 | 2 |
| Bonsai-Form | 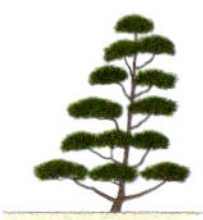 | Kiefer, Eibe | 1 | 3 |
| Korb, Tierform und sonstige Skulpturen | 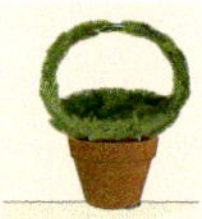 | Buchsbaum, Eibe, Liguster | 1 bis 5 | 2 bis 3 |

| Form | Aussehen | Geeignete Pflanzenarten (Beispiele) | Methode/ Hilfsmittel<br>1 = freier Schnitt<br>2 = Bambusstäbe, Bänder<br>3 = bewegliche Schablonen<br>4 = feste Schablonen<br>5 = gefüllte Schablonen | Schwierigkeitsgrad<br>1 = einfach<br>2 = mittel<br>3 = schwierig |
|---|---|---|---|---|
| Buchstabe, Zahl | 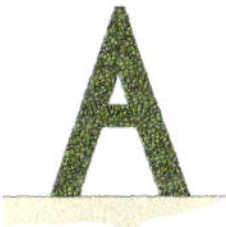 | Buchsbaum, Eibe | 4 | 2 |
| Geometrische Hecke | 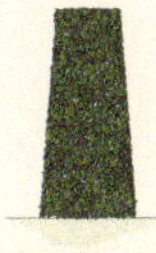 | Hainbuche, Rot-Buche, Liguster, Lebensbaum, Scheinzypresse, Buchsbaum, Eibe | 2 | 1 |
| Parterre | 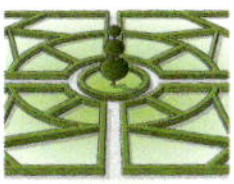 | Buchsbaum, Zwerg-Stechpalme, Zwerg-Lebensbaum | 2 | 2 |
| Broderie-Parterre | 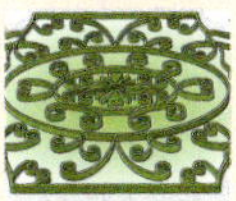 | Buchsbaum, Zwerg-Stechpalme, Zwerg-Lebensbaum | 2 | 3 |
| Knotenbeet | 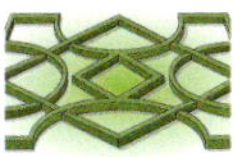 | Berberitze, Buchsbaum, Lavendel, Salbei, Gamander, Heiligenkraut | 2 | 2 |

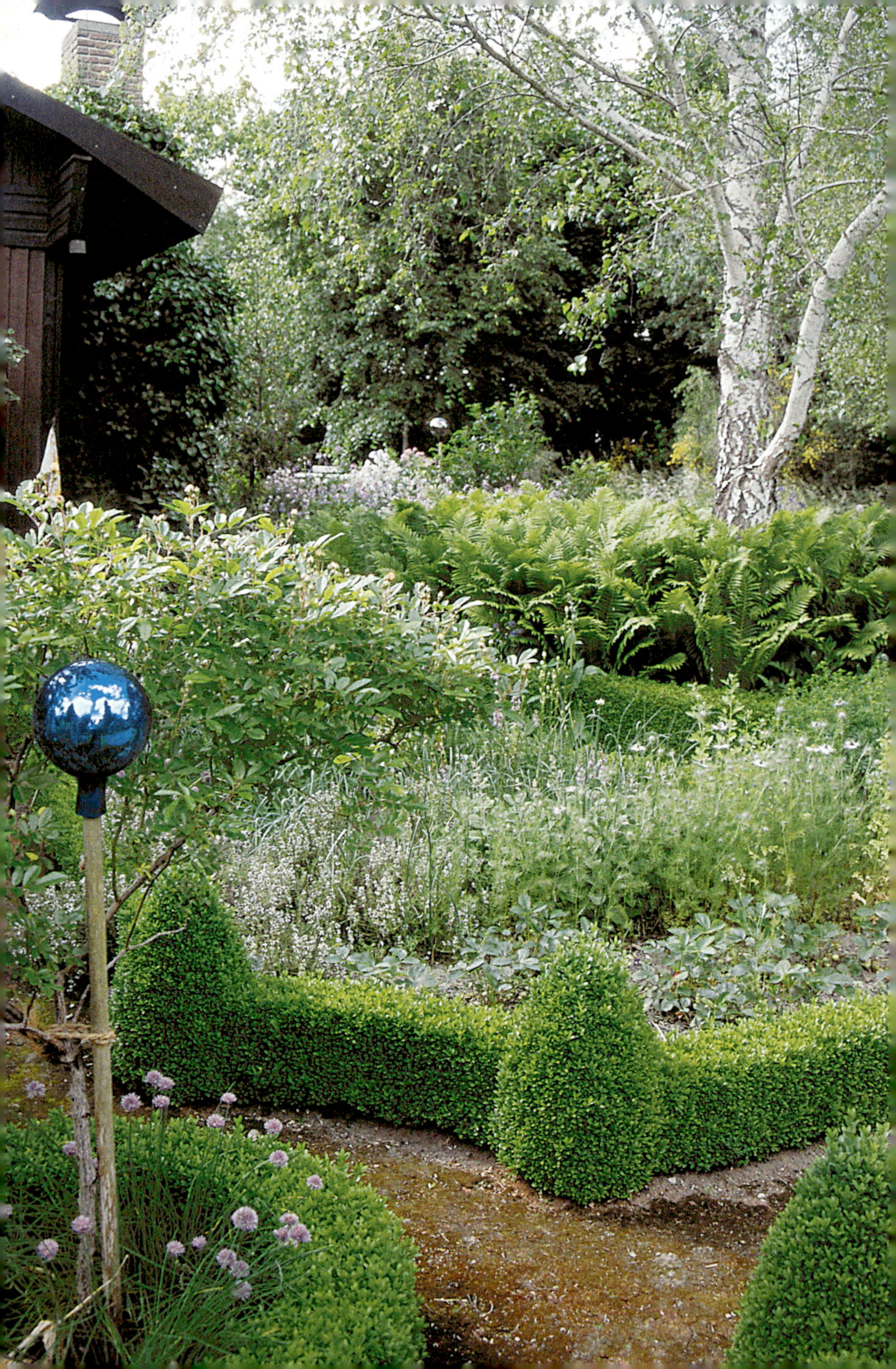

# Erklärung der Symbole

## Hilfsmittel

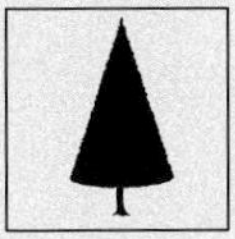

freier Schnitt

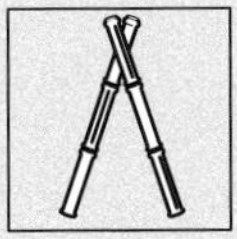

Bambusstäbe, Bänder

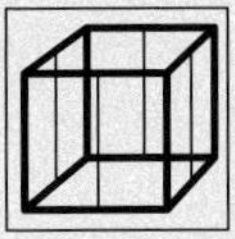

bewegliche<br>feste<br>gefüllte } Schablonen

## Dauer bis Fertigstellung

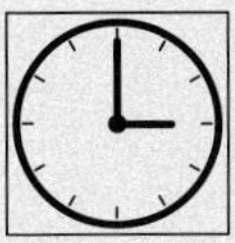

Die angegebene Zeit ist nur ein grober Richtwert. Je nach Pflanzenart, Alter der Ausgangspflanzen, Standortbedingungen und Größe der angestrebten Form variiert die Dauer.

## Schwierigkeitsgrad

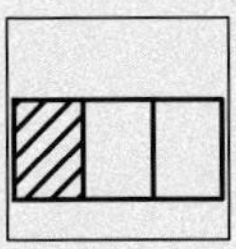

einfach

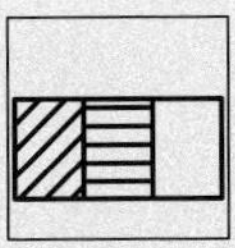

mittel

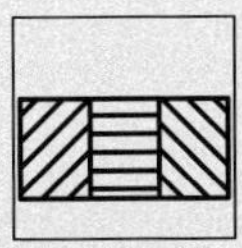

schwierig

◁ Frei wachsende Gartenpflanzen und formgeschnittener Buchs bilden einen interessanten Kontrast in diesem formalen Bauerngarten.

# Würfel, Quader, Kastenform

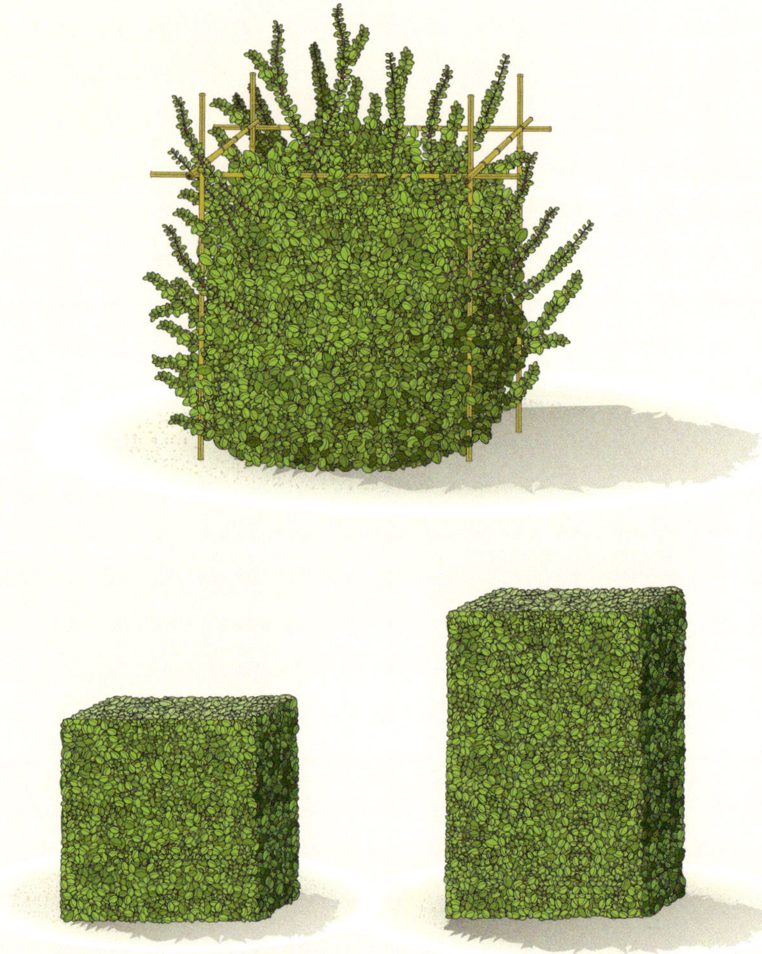

Zum Schnitt von Würfel (unten links) und Quader (unten rechts) werden meist Bambusstäbe zu einer provisorischen Schablone zusammengebunden (oben).

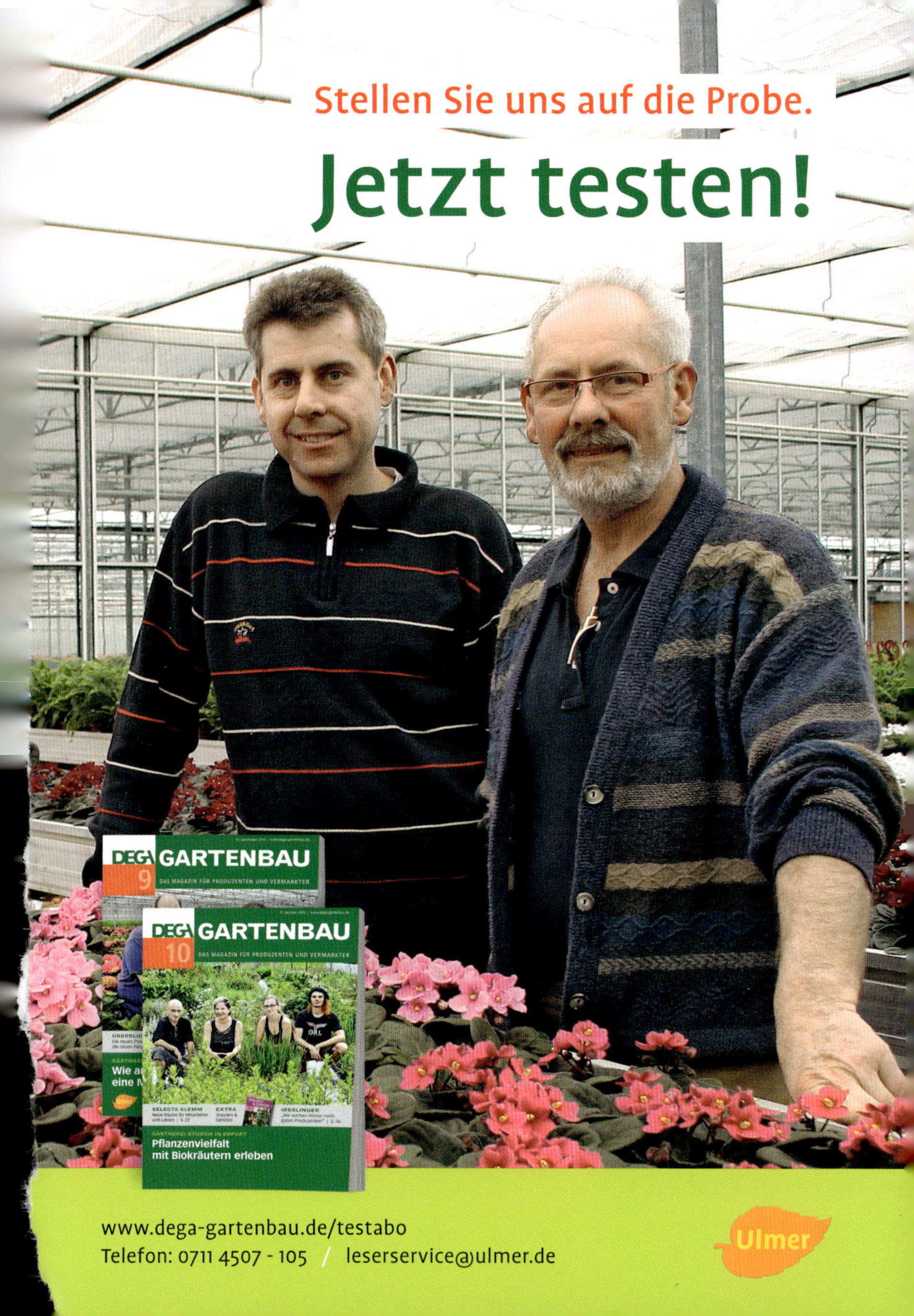
Stellen Sie uns auf die Probe.
Jetzt testen!
DEGA GARTENBAU
9
DAS MAGAZIN FÜR PRODUZENTEN UND VERMARKTER
DEGA GARTENBAU
10
DAS MAGAZIN FÜR PRODUZENTEN UND VERMARKTER
SELECTA KLEMM
EXTRA
IRSSLINGER
GÄRTNEREI STORCH IN ERFURT
Pflanzenvielfalt
mit Biokräutern erleben
www.dega-gartenbau.de/testabo
Telefon: 0711 4507 - 105 / leserservice@ulmer.de
Ulmer

## Das Magazin für Trends und Entwicklungen im internationalen Zierpflanzenbau

Profitieren Sie mit DEGA GARTENBAU von folgenden Themen:

- Märkte und Vermarktung
- Erfolgreiche Firmenkonzepte
- Mitarbeiter- und Betriebsführung
- Top-Kulturen und Pflanzenneuheiten
- Kulturmethoden und Pflanzenschutz
- Technik und EDV

## Ihre Vorteile als Abonnent

- Sie nutzen kostenlos das Online-Zeitschriftenarchiv mit allen Ausgaben.
- Sie haben Zugriff auf eine Datenbank mit aktuellen Pflanzenschutz-informationen.
- Und Sie erhalten topaktuell und mobil Neuigkeiten aus Ihrer Branche über die DEGA-App oder den Newsletter *Grüne Profi-Info*.

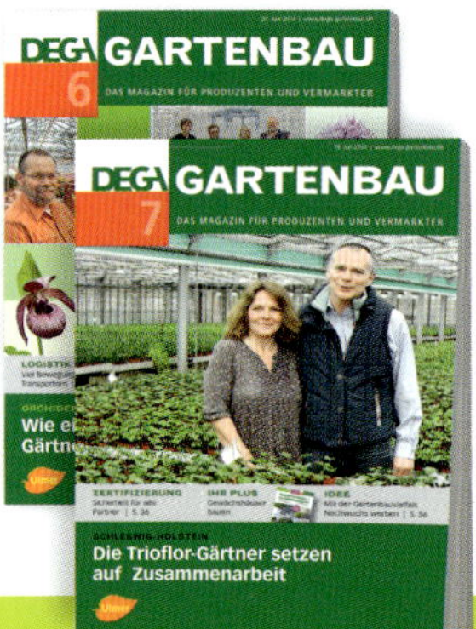


Bild / Killgus (Verlag Eugen Ulmer)

www.dega-gartenbau.de/testabo
Telefon: 0711 4507 - 105 / leserservice@ulmer.de

Ulmer

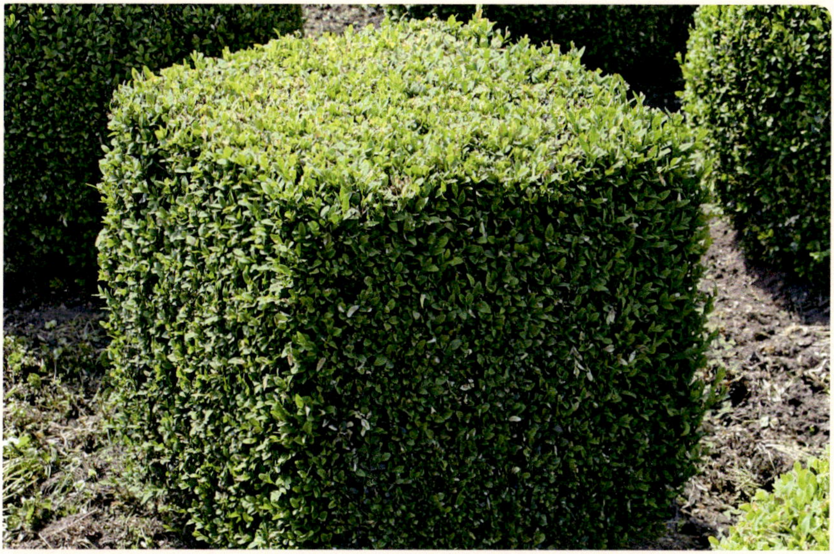

Zu einem Würfel formierter Buchsbaum.

## Vorgehensweise

Würfel (mit quadratischen Grund- und Seitenflächen) und Quader/Kästen (mit rechteckigen Grund- und Seitenflächen zum Teil unterschiedlicher Größen) werden mit Bambusstäben oder mit beweglichen Schablonen geformt. Natürlich ist auch der Einsatz fester Schablonen möglich, meist aber nicht nötig.

Dadurch, dass die Ecken weit auseinander stehen, werden für diese Formen größere Ausgangspflanzen gebraucht als für Kugeln ähnlicher Ausmaße.

## Besonderheiten

Der Würfel kann als Symbol für den Baustein und vom Menschen geschaffene Räume dienen.

Einen besonders interessanten Anblick bieten Kombinationen verschiedener Würfel oder Quader miteinander.

## Verwendung

Moderne formale Gärten, mediterrane Gärten, Grabgestaltung, Landschaftsgärten.

## Geeignete Pflanzenarten

Buchsbaum, Eibe und viele andere schnittverträgliche Gehölze.

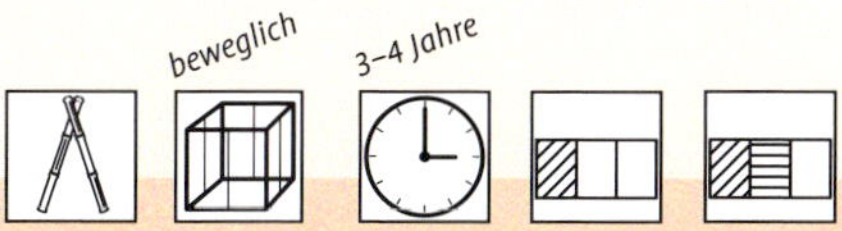

# Pyramide

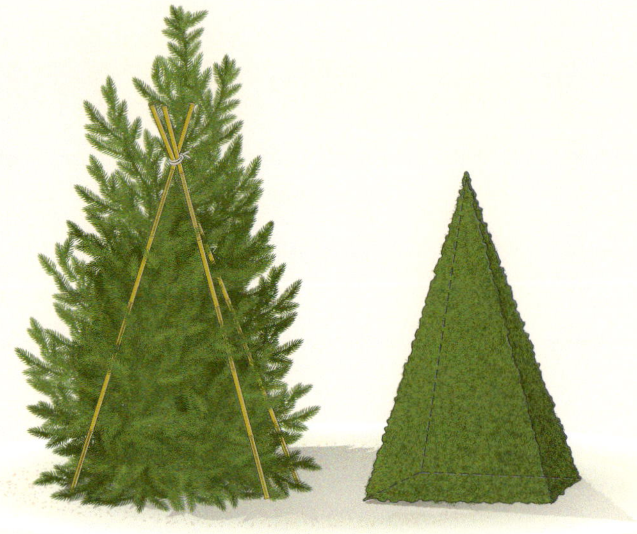

Vier an der Seite zusammengebundene Bambusstäbe geben die Größe und Form der Pyramide vor.

## Vorgehensweise

Ähnlich wie Würfel oder Quader werden Pyramiden mit Hilfe von Bambusstäben oder einer beweglichen Schablone geformt.

## Besonderheiten

Eine Pyramide hat eine quadratische Grundfläche. Bei nur leicht gestutzten Zierpflanzen hat sich fälschlicherweise der Begriff „Pyramide" auch bei Pflanzen eingebürgert, die eher kegelförmig gewachsen sind. Durch die quadratische Grundfläche ist für eine Pyramide aber eine größere Ausgangspflanze oder eine längere Kulturzeit nötig als für einen Kegel.

Außer Pyramiden werden häufig auch Pyramidenstümpfe (siehe Seite 77) angeboten, die keine Spitze haben, sondern in einer kleinen quadratischen Fläche enden, als sei die Spitze gekappt worden. Die Pyramidenform wird häufig als Symbol für den Tempel oder den Berg als Vereinigung von Himmel und Erde verwendet.

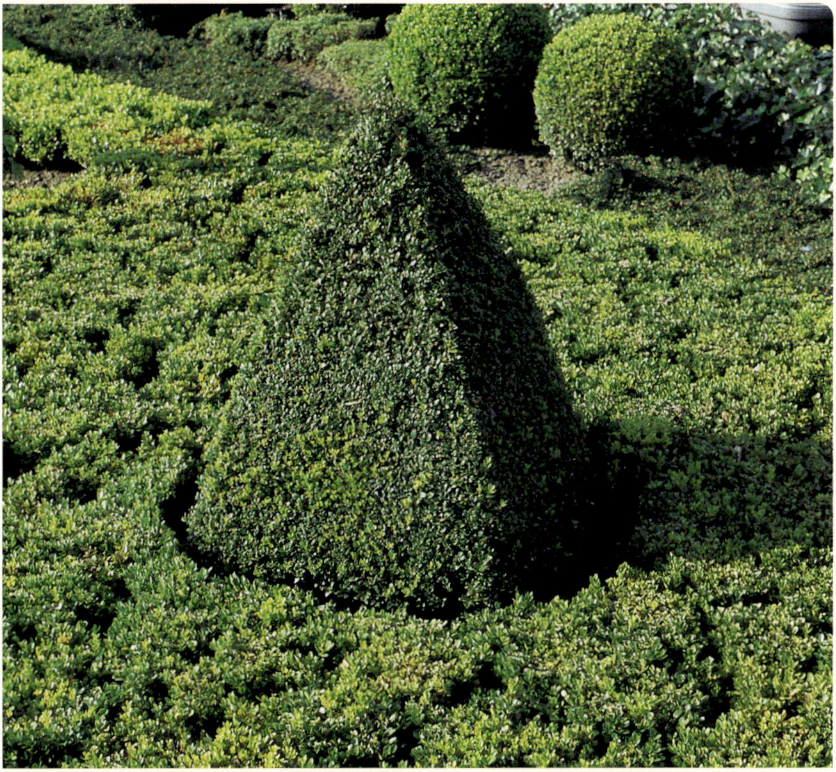

Aus der ebenmäßigen Buchsfläche erhebt sich die geometrische Pyramidenform.

## Verwendung

Historische Gärten, moderne formale Gärten, mediterrane Gärten, Grabgestaltung, Landschaftsgärten.

## Geeignete Pflanzenarten

Buchsbaum, Eibe und viele andere schnittverträgliche Gehölze.

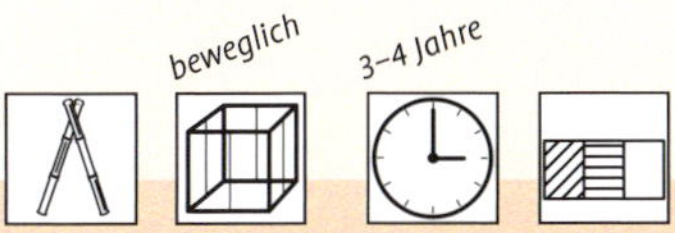

# Kugel

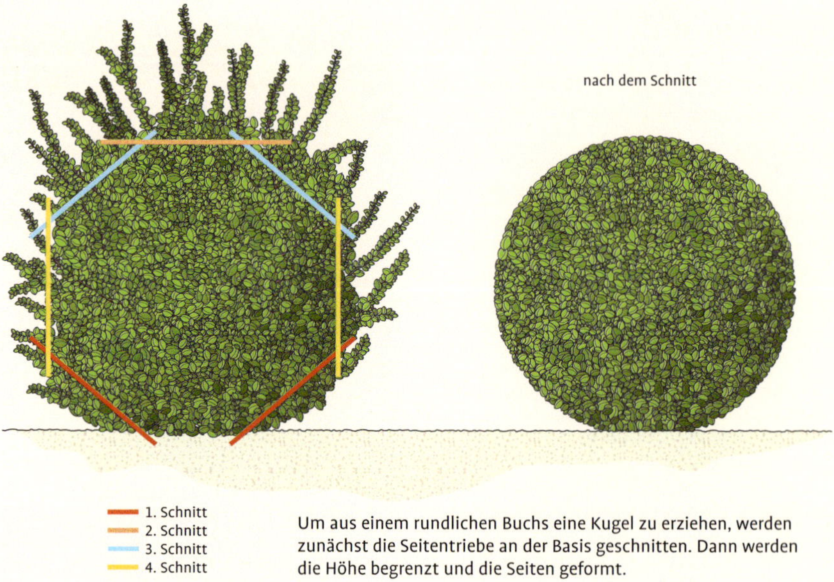


Um aus einem rundlichen Buchs eine Kugel zu erziehen, werden zunächst die Seitentriebe an der Basis geschnitten. Dann werden die Höhe begrenzt und die Seiten geformt.

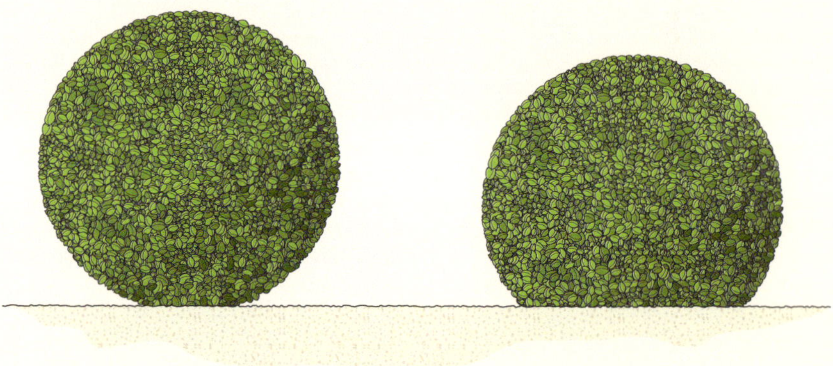


Je nach Ausgangspflanze und Geschmack kann eine Kugel mit kleiner Auflagefläche („Murmel auf dem Tisch“) oder mit großer Auflagefläche („Ball im Wasser“) geformt werden.

## Vorgehensweise

Meist werden Kugeln frei Hand nach Augenmaß geschnitten. Mit Zollstock und Stäben kann man auch den Grundaufbau vorgeben.

Beim freien Schnitt (siehe auch Seite 21) wird in der Regel zunächst der untere Bereich der Kugel geschnitten, da dabei der Pflanzenbasis entspringende Zweige entfernt werden können und die dadurch entstehenden Lücken rechtzeitig sichtbar werden. Als nächstes wird die Höhe begrenzt und dann durch seitlichen Schnitt die Breite der Kugel festgelegt.

Stabile Kugeln, die nicht leicht auseinanderfallen, werden dadurch erzogen, dass man die Ausgangspflanzen schon als Jungpflanze in Kugelform schneidet, damit sie reich verzweigen. Weniger verzweigte Büsche, die gleich zu einer Kugel in ihrer Endgröße geschnitten werden, neigen eher dazu, im Alter auseinanderzufallen – besonders bei Schneelast.

## Besonderheiten

Eine exakte Kugelform ist nicht ganz einfach zu schneiden, leicht wird ein Ei oder eine Haube daraus. Vor dem Schnitt muss man entscheiden, wie breit die Auflagefläche der Kugel sein soll, klein wie bei einer Murmel auf einem Tisch oder groß wie bei einem Ball im Wasser? Eine kleine Auflagefläche („Murmel auf dem Tisch") sieht eleganter aus, ist aber schwieriger zu schneiden und setzt eine höhere Ausgangspflanze voraus, die mit nur einem Mitteltrieb dem Boden entspringt. An der Basis mehrtriebige, buschige Pflanzen eignen sich eher für den „Ball im Wasser".

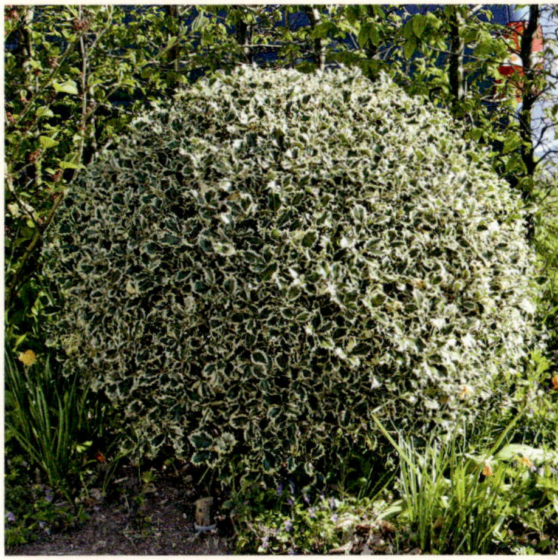

Aus Stechpalmen (*Ilex*) lassen sich attraktive Kugeln formen.

Die Kugelform symbolisiert die Ganzheit und die Erdkugel. In der Natur wachsen die Kronen vieler Bäume kugelförmig, zum Beispiel die des Apfelbaums.

## Verwendung

Historische Gärten, moderne formale Gärten, Bauerngärten, mediterrane Gärten, Grabgestaltung, Landschaftsgärten.

## Geeignete Pflanzenarten

Buchsbaum, Eibe, Liguster, Stechpalme und viele andere schnittverträgliche Gehölze.

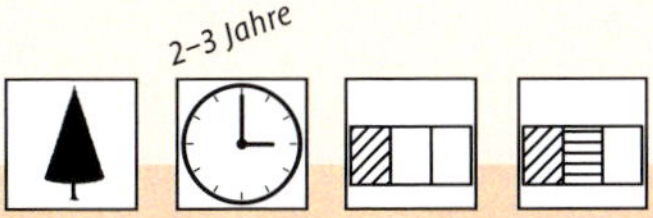

# Kegel

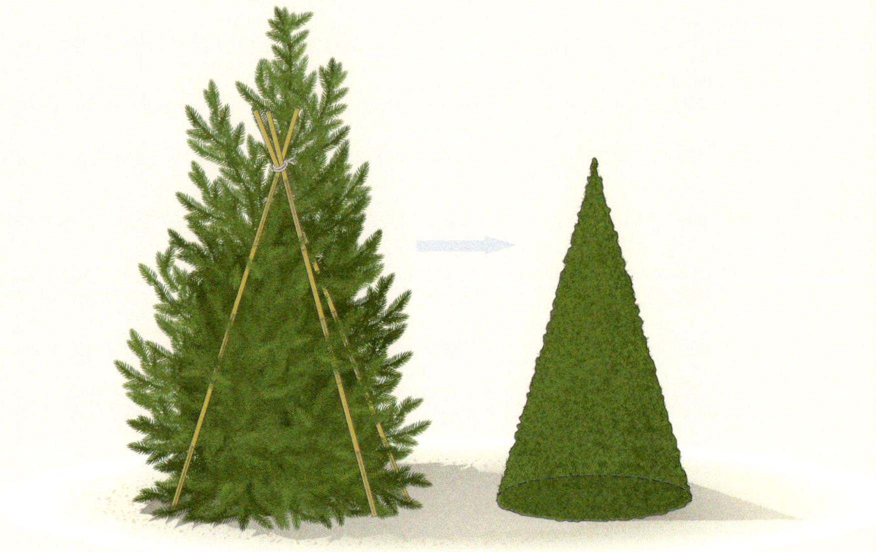

Wie für die Pyramide werden auch für den Kegel vier (oder nur drei) Bambusstäbe benutzt, um die Kontur festzulegen. Nach Augenmaß wird dann rund geschnitten.

## Vorgehensweise

Auf einer kreisförmigen Grundfläche wird rund um den Mitteltrieb ein spitz zulaufender Kegel geschnitten. Geübte Gärtner können dies von Hand nach Augenmaß, ansonsten ist der Einsatz von drei oder vier Bambusstäben hilfreich. Diese werden in gleichem Abstand des Mitteltriebs in den Boden gesteckt, an der Spitze zusammengebunden, und die Pflanze dann zunächst entlang der Stäbe geschnitten. Der Rest der Pflanze wird schließlich nach Augenmaß entlang der kreisförmigen Grundfläche bis zur Spitze geschnitten. Bei dieser Methode sollte man daran denken, nach dem ersten Erziehungsschnitt die Abstände der Bambusstäbe vom Mitteltrieb zu notieren, damit man sie beim nächsten Schnittzeitpunkt wieder im gleichen Abstand in den Boden stecken kann. Denn in vielen Fällen ist die Pflanze nach dem ersten Schnitt noch nicht so dicht, dass nach dem Neuaustrieb deutlich erkennbar ist, wie weit dieser entfernt werden muss.

## Besonderheiten
Die Kegelform ähnelt der natürlichen Wuchsform einiger Pflanzen, vor allem vieler Nadelgehölze, und stilisiert diese. Weil sie verhältnismäßig leicht zu schneiden ist, ist diese Form sehr beliebt. Wegen des starken Austriebs akrotonischer Gehölze ist es recht arbeitsaufwändig, die Spitze laufend spitz zu halten, und viele Kegel enden mit einer aufgesetzten Kugel oder einer Skulptur, zum Beispiel einem Vogel.

Gelegentlich werden auch Kegelstümpfe angeboten, die nicht spitz, sondern in einer kreisförmigen Fläche enden.

## Verwendung
Historische Gärten, moderne formale Gärten, Bauerngärten, mediterrane Gärten, Grabgestaltung, Landschaftsgärten, Eingänge (Portalpflanzen).

## Geeignete Pflanzenarten
Buchsbaum, Eibe und viele andere schnittverträgliche Gehölze.

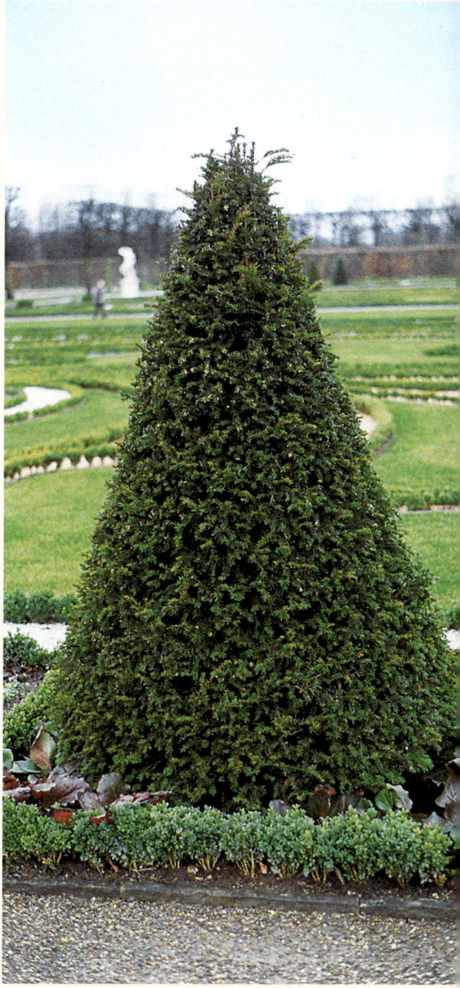
Ein ebenmäßiger Eiben-Kegel in den Herrenhäuser Gärten Hannover.

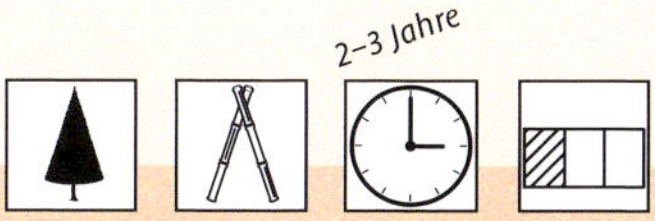

# Säule, Walze, Zylinder

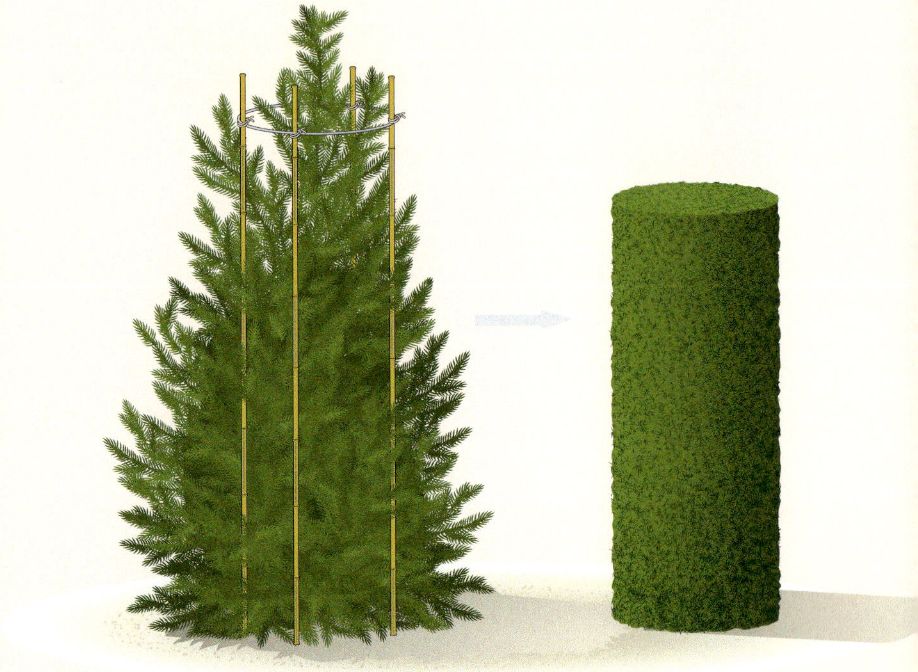

Mehrere Bambusstäbe werden oben (und evtl. unten) mit einem kreisförmigen Draht verbunden, damit eine Pflanze zum Zylinder geformt werden kann.

## Vorgehensweise

Auf einer kreisförmigen Grundfläche werden – meist mit senkrechten Stäben, gelegentlich auch frei Hand –, schmale Säulen oder etwas breitere Zylinder geformt. Oft wird auf eine Säule oder einen Zylinder eine Kugel oder eine Tierskulptur gefügt.

## Besonderheiten

Säulen und Zylinder neigen durch den akrotonischen Wuchs der meisten Gehölze dazu, „kopflastig" zu werden. Beim Erhaltungsschnitt sollte man darauf achten, dass die Seitenfläche senkrecht bleibt. Ansonsten gerät die Figur zum „Becher" und verkahlt an der Basis.

Die Säulenform tritt in der Natur bei einigen beliebten Gehölzvarietäten und -sorten auf, zum Beispiel der Mittelmeer-Zypresse (*Cupressus sempervirens* var. *sempervirens*) oder dem Irischen Säulen-Wacholder (*Juniperus communis* 'Hibernica')

## Verwendung

Historische Gärten, moderne formale Gärten, Bauerngärten, mediterrane Gärten, Grabgestaltung, Landschaftsgärten, Eingänge (Portalpflanzen).

## Geeignete Pflanzenarten

Buchsbaum, Eibe und viele andere schnittverträgliche Gehölze.

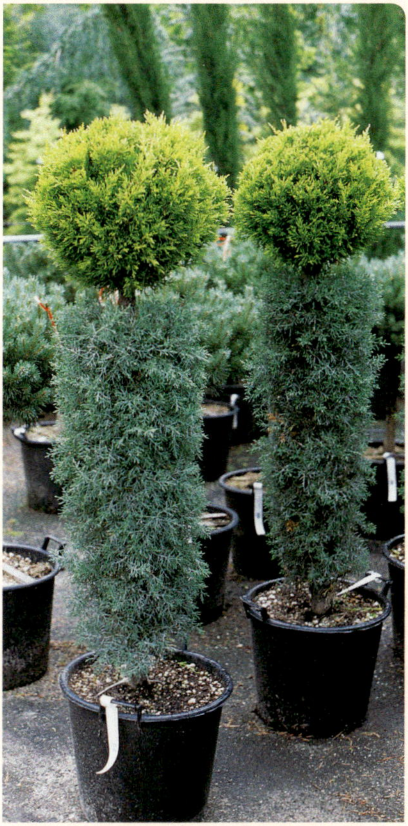

Aus der Toskana werden gerne Arizona-Zypressen wie diese Säulenformen eingeführt. Auf diese veredelt man goldlaubige Leyland-Zypressen, die zu Kugeln geschnitten werden. Arizona- und Leyland-Zypressen sollte man geschützt überwintern.

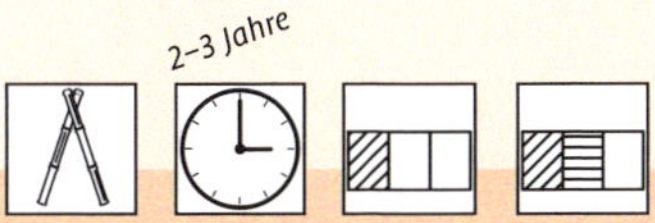

# Tropfen

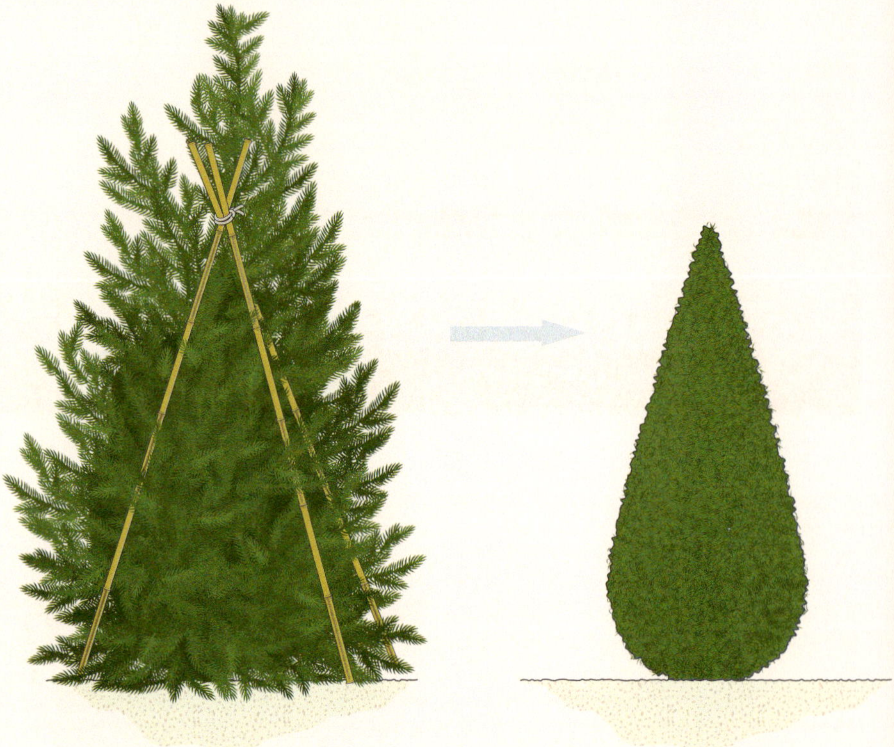

Ähnlich wie für den Kegel werden für den Tropfen Bambusstäbe als Schablone zusammengebunden und zur Formierung genutzt. Zum Schluss wird die Pflanzenbasis zur Halbkugel geschnitten.

## Vorgehensweise

Tropfen werden meist auf einem Stamm gezogen, damit die halbkugelförmige Unterseite deutlich sichtbar ist. Der Oberteil besteht entweder aus einer kegelartigen Spitze, deren Wände schräg, aber ohne Krümmung auf die Spitze zulaufen, oder sie sind konvex (nach außen) oder konkav (nach innen) gekrümmt.

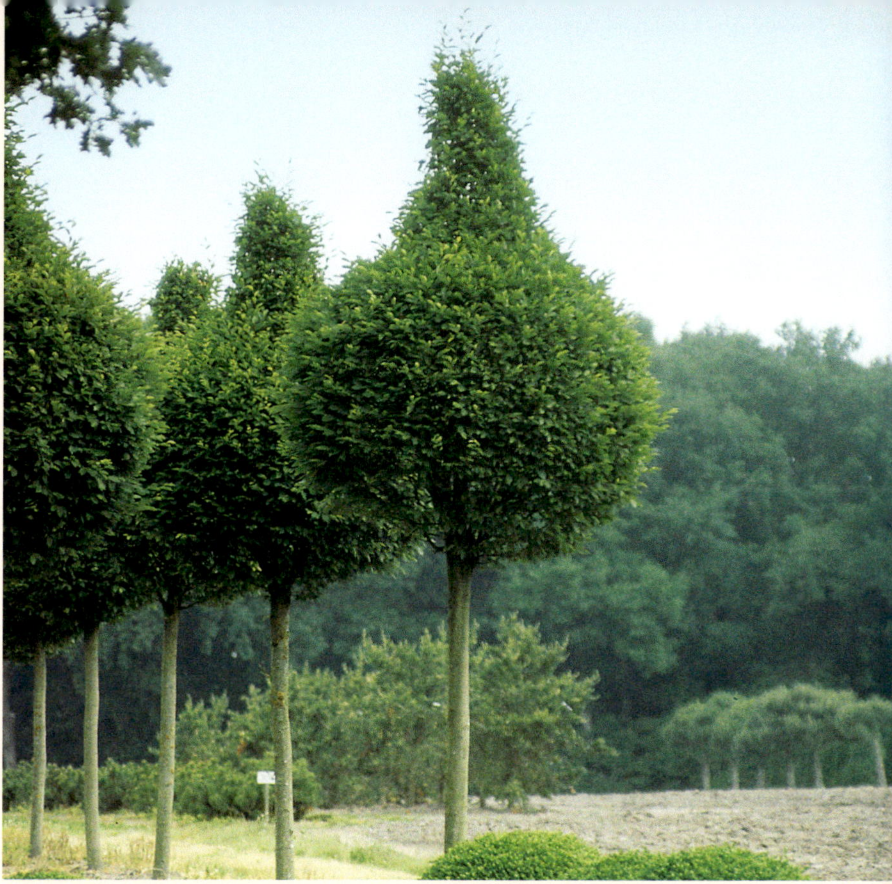

Tropfenförmige Alleebäume sind ein besonderer Blickfang.

## Besonderheiten

Tropfen werden ähnlich wie Kugeln frei Hand geschnitten. Durch Nachmessen mit einem Zollstock kann man kontrollieren, ob die Form des Tropfens einen gleichmäßigen Abstand vom Mitteltrieb hat.

## Verwendung

Historische Gärten, moderne formale Gärten, Bauerngärten, mediterrane Gärten, Grabgestaltung, Landschaftsgärten, Eingänge (Portalpflanzen).

## Geeignete Pflanzenarten

Buchsbaum, Eibe und viele andere schnittverträgliche Gehölze.

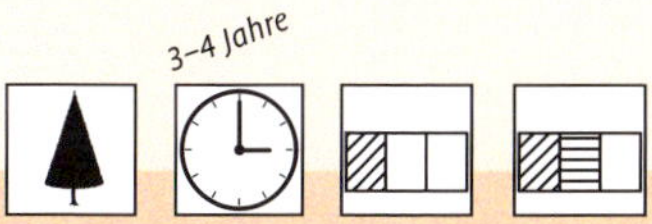

# Bienenkorb

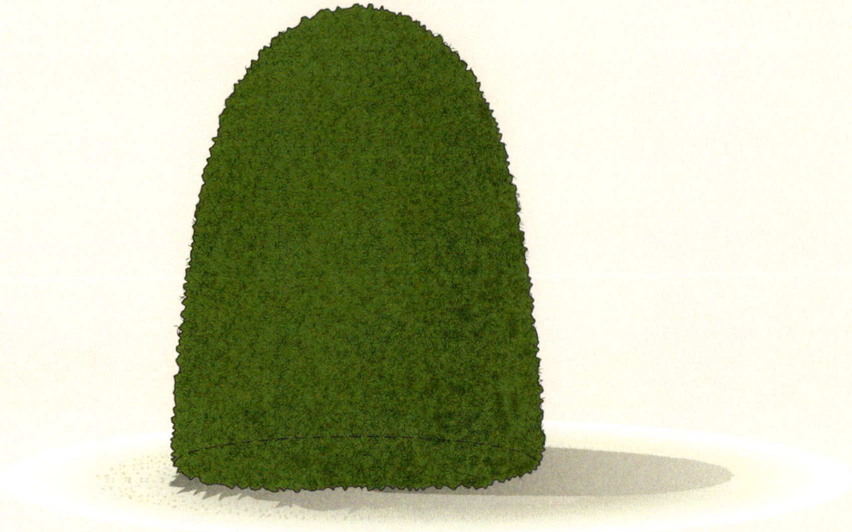

Der Bienenkorb verjüngt sich schräg nach oben zu einer Halbkugel.

## Vorgehensweise

Beim Bienenkorb verläuft die Außenwand auf einer kreisförmigen Grundfläche leicht schräg nach innen in Richtung auf eine rundliche Kappe. Der Verlauf der Außenflächen kann mit Bambusstäben markiert werden, der runde Abschluss wird nach Augenmaß geschnitten.

## Besonderheiten

Bienenkörbe werden meist in historischen Gärten als Torwächter oder in Parterres verwendet.

## Verwendung

Historische Gärten

## Geeignete Pflanzenarten

Buchsbaum, Eibe und viele andere schnittverträgliche Gehölze.

Die hoch aufgewölbte Form eines Bienenkorbes bildet einen interessanten Kontrast zu dem Buchsparterre und der Hecke im Hintergrund. ▷

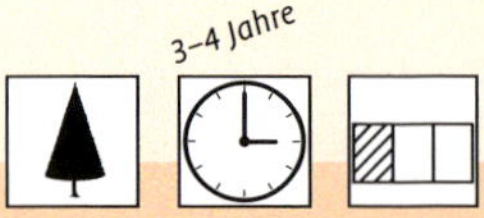

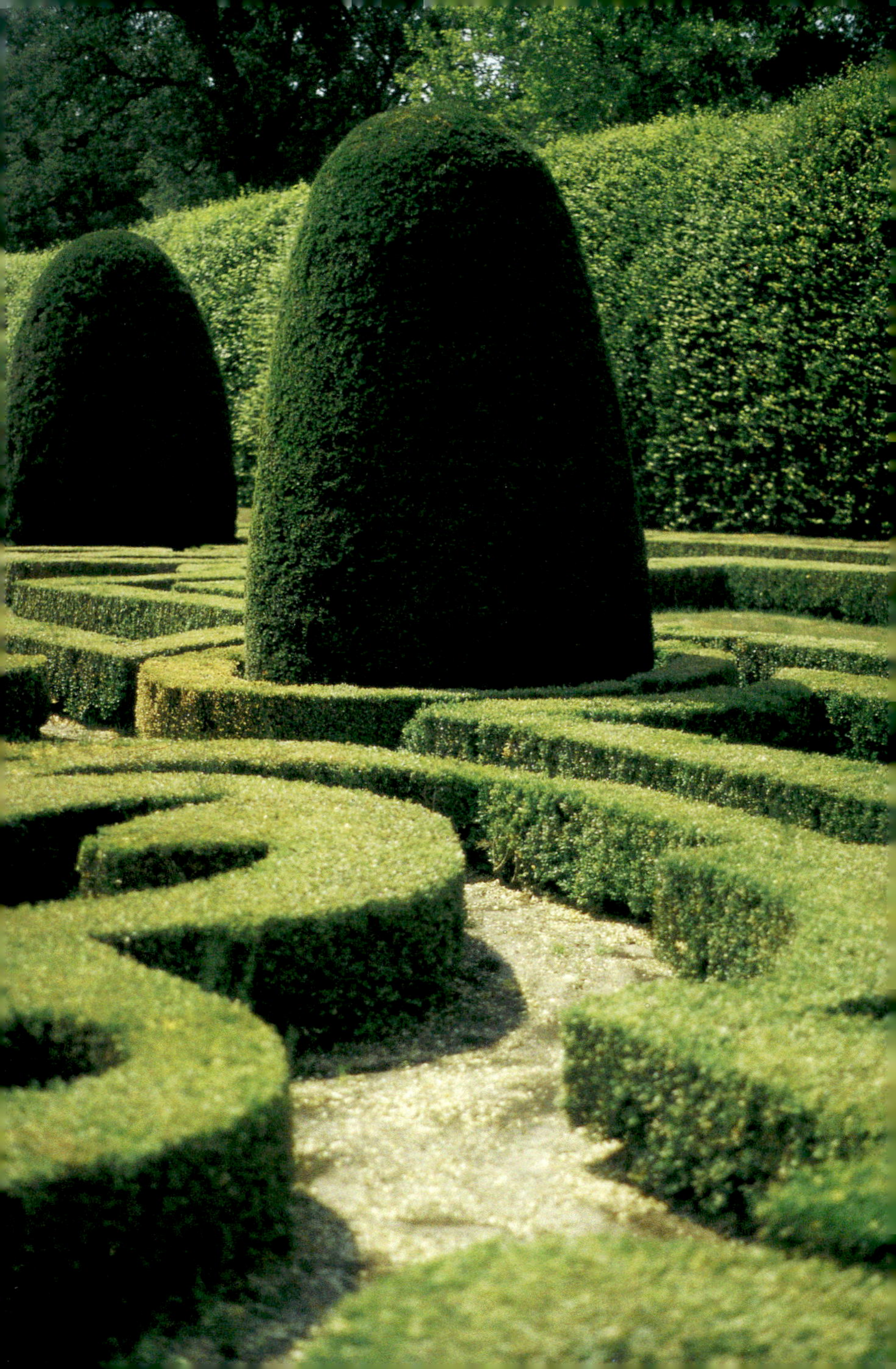

# Ei

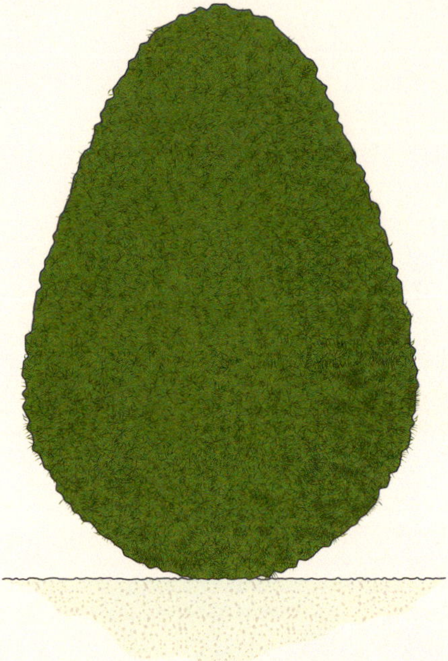

Eiförmige Pflanzen werden nach Augenmaß geschnitten.

## Vorgehensweise

Eiförmige Pflanzen werden ähnlich wie Kugeln meist nach Augenmaß geschnitten.

## Besonderheiten

Wie bei Kugeln ist darauf zu achten, wie tief das Ei im Boden liegt: mit geringer oder mit größerer Auflagefläche. Anders als bei einer Kugel wirkt eine geringe Auflagefläche unnatürlich, da ein echtes Ei sofort umkippen würde.

## Verwendung

Historische Gärten, moderne formale Gärten, Bauerngärten, mediterrane Gärten, Grabgestaltung, Landschaftsgärten, Eingänge (Portalpflanzen).

## Geeignete Pflanzenarten

Buchsbaum, Eibe und viele andere schnittverträgliche Gehölze.

Diese Steineibe (*Podocarpus*) wurde zu einem Eigeformt und schmückt im milden Klima Floridas einen Hauseingang. ▷

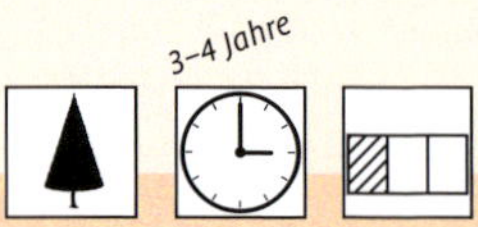

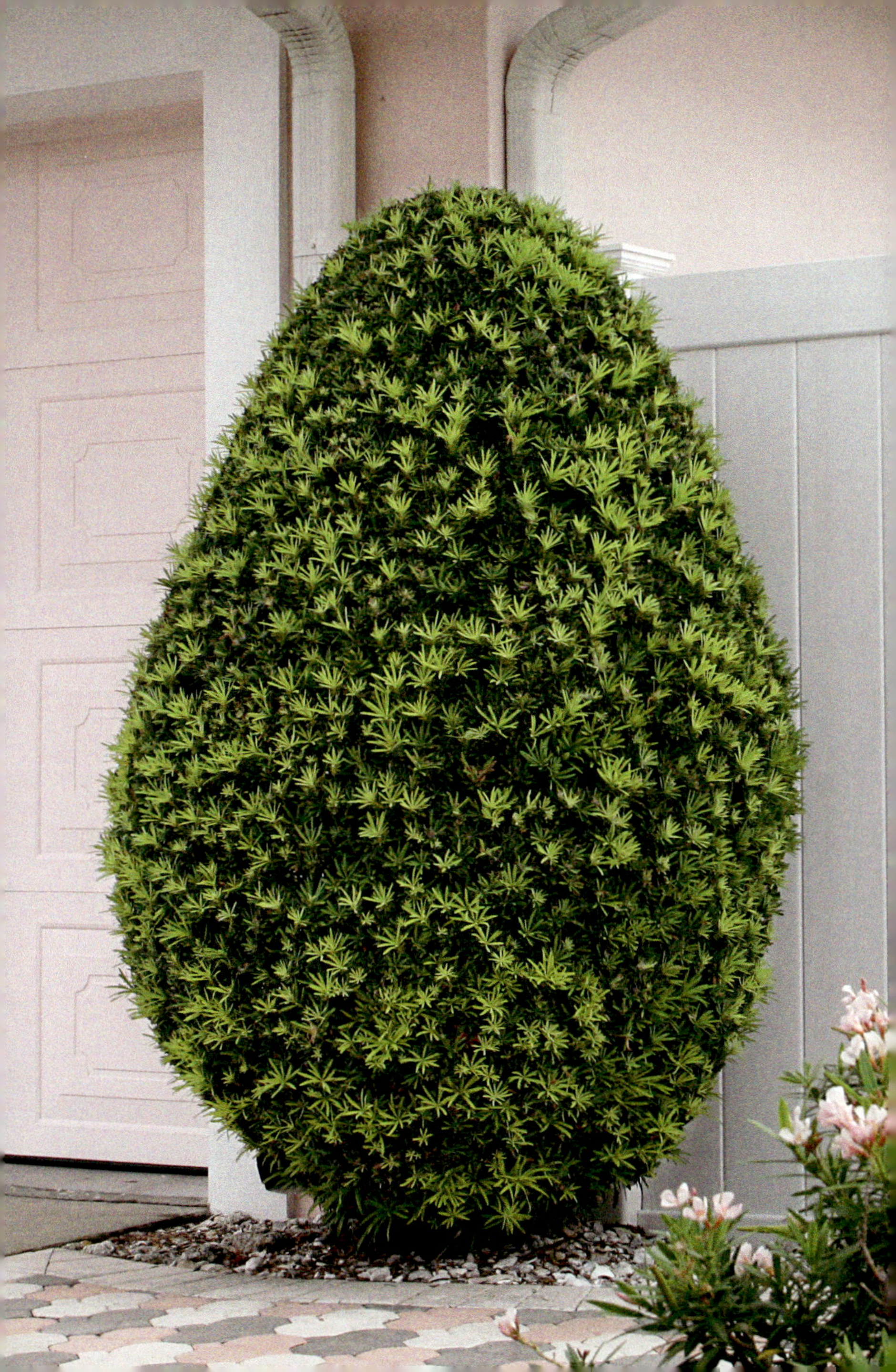

# Bogen

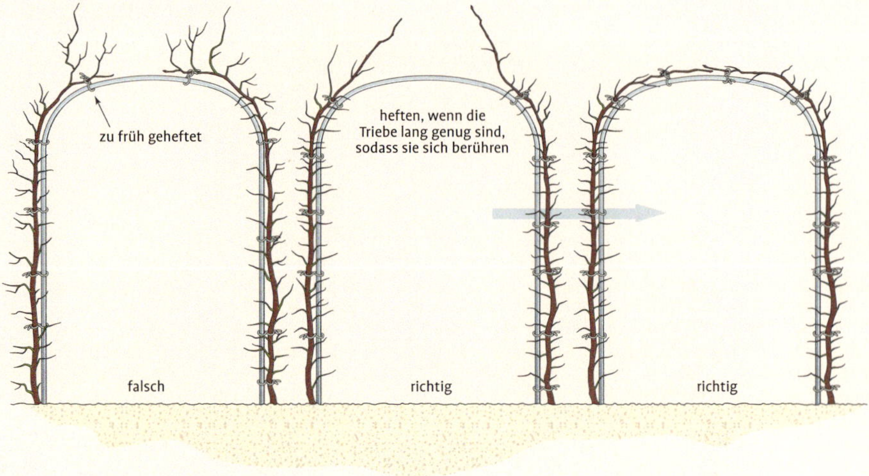


Die Formierung zweier Pflanzen zu einem Bogen. Bei zu frühem Heften verkümmern die Terminalknospen (links). Wenn zum richtigen Zeitpunkt geheftet wird (Mitte und rechts), schließt sich der Bogen.

## Vorgehensweise

Zwei gleichartige Pflanzen werden an einen Metallbogen geheftet und ihre Seitenzweige so geschnitten, dass sie mehr oder weniger schmal säulenförmig wachsen. Dabei ist es nicht immer ganz einfach, die Spitzen im richtigen Moment zum Bogen zu biegen. Wird zu früh umgebogen, verkümmert die Spitze, und Seitentriebe wachsen an der Biegung senkrecht nach oben und übernehmen die Rolle des Mitteltriebs. Wird zu spät umgebogen, ist der Trieb verhärtet und bildet eine „Beule" oder bricht sogar. Daher wird er häufig schrittweise an den Bogen geheftet, sodass die weiche Spitze weiter nach oben wächst und die Führung behält, während der verholzende Trieb am Metallbogen befestigt wird, solange er noch gut zu biegen ist.

## Besonderheiten

Bei sämlingsvermehrten Pflanzen wie Hainbuchen oder Rot-Buchen sollte man darauf achten, dass die Exemplare in Laubfärbung und Austriebsverhalten zueinander passen. Sonst kann es passieren, dass jedes Jahr die eine Seite des Bogens früher austreibt als die andere. Bei Eiben ist der Unterschied geringer. Es können auch veredelte Pflanzen einer Sorte gewählt werden, zum Beispiel die Hainbuchensorte 'Fastigiata', denn Pflan-

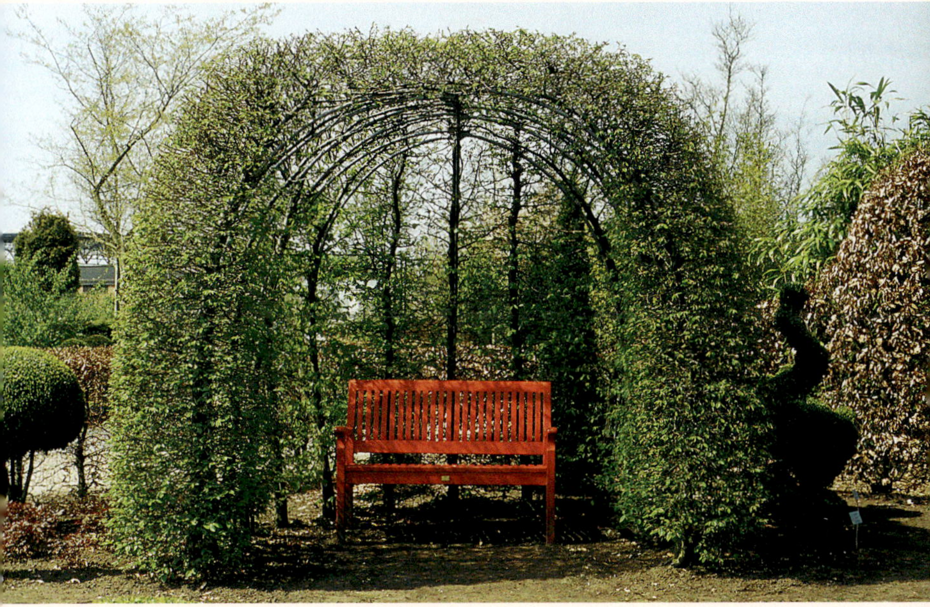

In dieser Musteranlage des Parks der Gärten in Bad Zwischenahn wurden mehrere Halb-Bögen zu einer Laube kombiniert und bieten ein schattiges Plätzchen zum Verweilen.

zen derselben Sorte unterscheiden sich in Austriebsverhalten, Laubfärbung und -fall nicht.

Bögen werden gerne über Tore oder Durchgänge in Hecken gepflanzt, sie können aber auch paarweise hintereinander zu einem Laubengang kombiniert werden, wie man es in historischen Parkanlagen oft bewundern kann.

## Verwendung

Historische Gärten, moderne formale Gärten, Bauerngärten, mediterrane Gärten, Landschaftsgärten, Eingänge (Portalpflanzen).

## Geeignete Pflanzenarten

Meist Hainbuchen, gelegentlich Rot-Buchen, selten Eiben oder andere baumartig wachsende schnittverträgliche Gehölze. Auch Formobst (Apfel, Birne) und Säulenäpfel (Ballerina- und Starline-Sorten, Artus-Sagenda-Trees) sowie Kletterpflanzen.

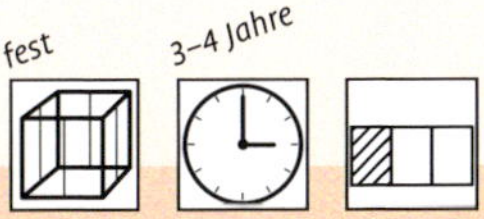

# Spirale, Korkenzieher, Spindel

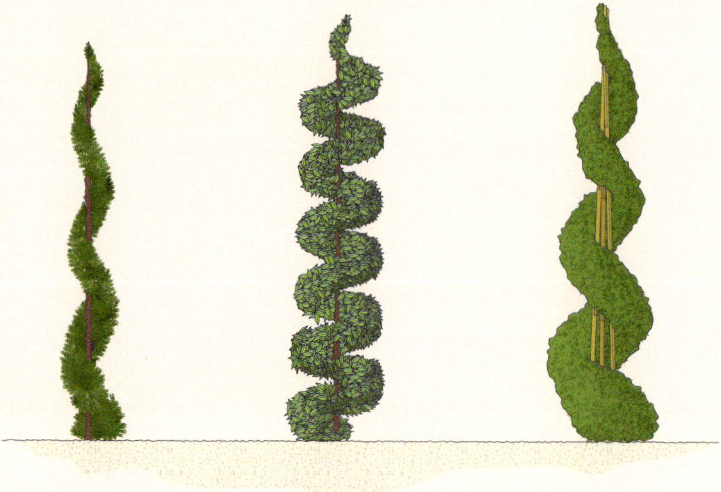

Unterschiedliche Formen von Spiralen: links Spindel, Mitte Schraube/Korkenzieher, rechts Spirale mit gedrehtem Stamm.

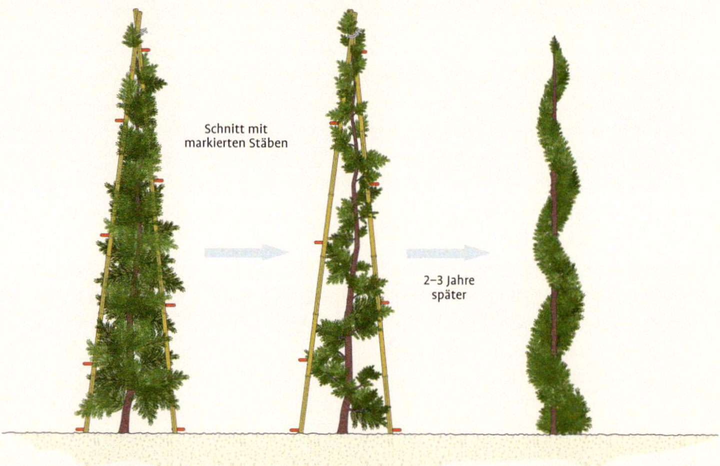


Dichte Kegel können mit Hilfe eines Bandes zur Spirale geschnitten werden (siehe Seite 28), für locker aufgebaute Ausgangspflanzen eignen sich besser markierte Stäbe.

## Vorgehensweise

Es gibt viele unterschiedliche Ausführungen von Spiralen, bei denen sich Wülste aus Zweigen meist um ihren eigenen Mitteltrieb (Stamm) winden. Oft sind die Abstände zwischen den Windungen relativ weit. Diese Formen werden dann gelegentlich als Spindel in Anlehnung an die Spindel eines Spinnrades mit der ungesponnenen Wolle darum bezeichnet. Manchmal sind die Abstände aber auch so eng, dass sie an eine Schraube oder einen Korkenzieher erinnern.

In Baumschulen werden Spiralen meist nach Augenmaß geschnitten, wobei als Hilfsmittel gelegentlich Bambusstäbe mit Markierungen verwendet werden. Bei den ersten Schnittterminen steckt man sie immer wieder an dieselben Stellen neben die noch locker verzweigten Pflanzen, um den Verlauf der spiralförmigen Wulst zu erkennen. Nach zwei bis drei Schnitten sind die Triebe dann dicht genug, dass die Form erkennbar wird und der Einsatz von Stäben nicht mehr notwendig ist.

Wenn schmal säulenförmige oder kegelförmige Ausgangspflanzen zur Verfügung stehen, die schon sehr dicht sind (zum Beispiel von Buchsbaum oder Eibe), kann man den Verlauf der Windungen auch mit einem Band markieren, das in regelmäßigem Abstand an den Zweigen befestigt wird (siehe Seite 28). Die Zweige zwischen den Windungen des Bandes werden dann entfernt, und wenn die übriggebliebenen Zweige dicht genug sind, ist die Spiralform sofort erkennbar und die nächsten Schnitte werden nach Augenmaß durchgeführt. Spiralen kann man über viele Jahre weiter aufbauen.

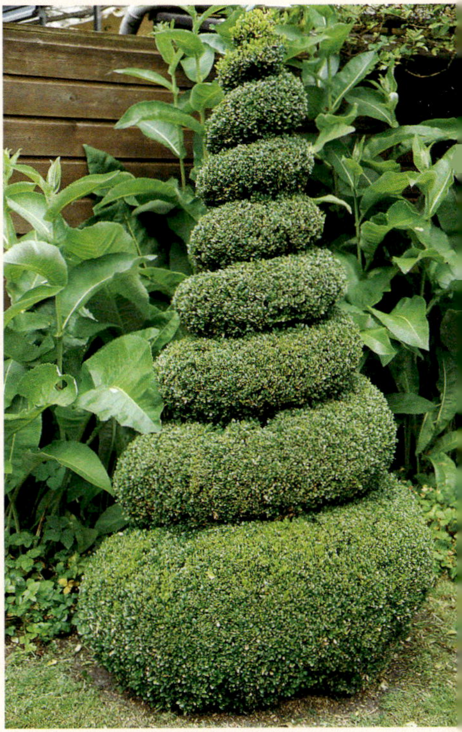

Dieser Buchsbaum wurde kunstvoll zu einer kompakten Spirale geschnitten.

In der Wulst aus Trieben kann bei Pflanzenarten, die nicht sehr dicht verzweigen (Scheinzypressen) oder bei

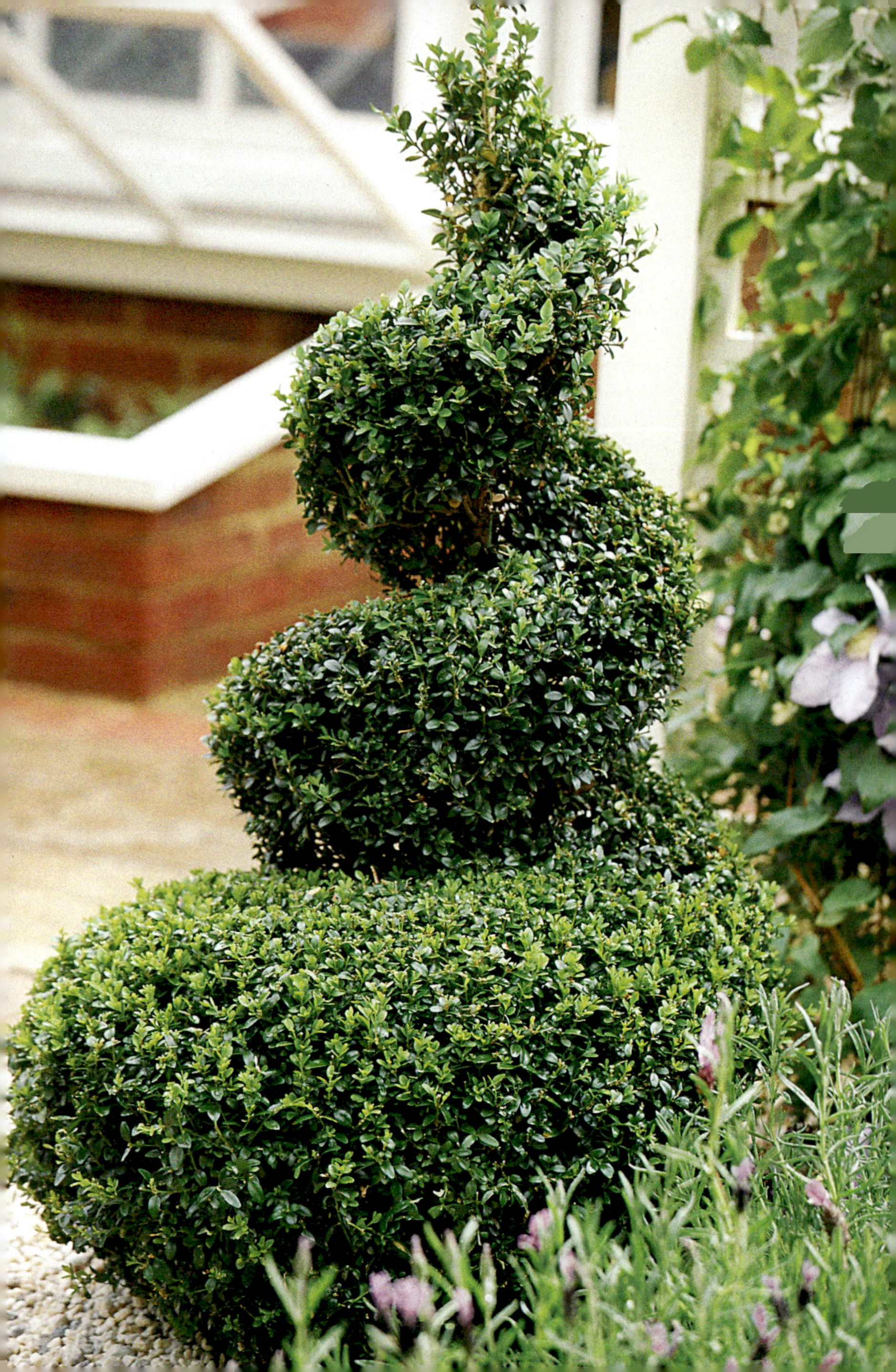

denen durch Beschädigungen leicht Lücken entstehen, der lockere Aufbau durch längere Zweige überbrückt werden. Je länger diese „Brücken“ sind, desto leichter biegen sie sich später nach unten oder zur Seite und geben die Lücken am Stamm wieder frei. Gelegentlich werden feste Schablonen aus starkem Draht benutzt, die die Windungen der Spiralen vorgeben und dann in die Pflanze einwachsen.

Selten werden Spiralen so geformt, dass sich die ganze Pflanze mit ihrem Stamm um ihre optische Mittelachse windet. Für diese Form wird in den ersten Jahren meist ein Gerüst aus drei Bambusstäben verwendet, um das die junge Pflanze spiralförmig gezogen wird. Mit der Zeit gewinnt der verholzende Stamm an Stabilität und nach einigen Jahren steht Pflanze ohne Hilfe mit einem Hohlraum in der Mitte. Bei einer Spirale ohne Mittelstamm sollte man aber laufend kontrollieren, ob sie gerade ist, denn sie kann sonst langsam zur Seite kippen.

## Besonderheiten

Spiralen bilden das natürliche Wachstum vieler Schlingpflanzen ab, deren Stängel sich um den Stamm anderer Pflanzen winden. Sie können daher als Symbol für das Aufstreben gesehen werden. Manchmal werden die Spitzen von Spiralen zu Kugeln oder Hauben geschnitten, da sie bei vielen Pflanzenarten dazu neigen, stark auszutreiben (Spitzenförderung, Akrotonie).

◁ Hier eine locker aufgebaute Spirale aus Buchsbaum.

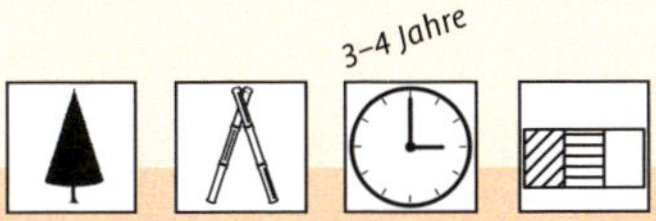


## Verwendung

Historische Gärten, moderne formale Gärten, Bauerngärten, mediterrane Gärten, Grabgestaltung, Landschaftsgärten, Eingänge (Portalpflanzen).

## Geeignete Pflanzenarten

Buchsbaum, Eibe, Leyland-Zypresse, Lebensbaum, Scheinzypresse und viele andere schnittverträgliche Gehölze.

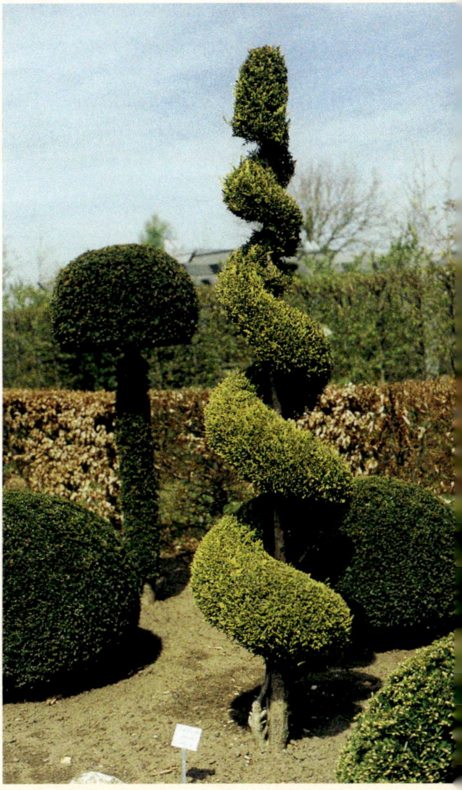

Dieser Schaugarten zeigt verschiedene Schnittformen, unter anderem eine Spirale mit weiten Abständen zwischen den Wülsten.

# Kugel auf Stämmchen

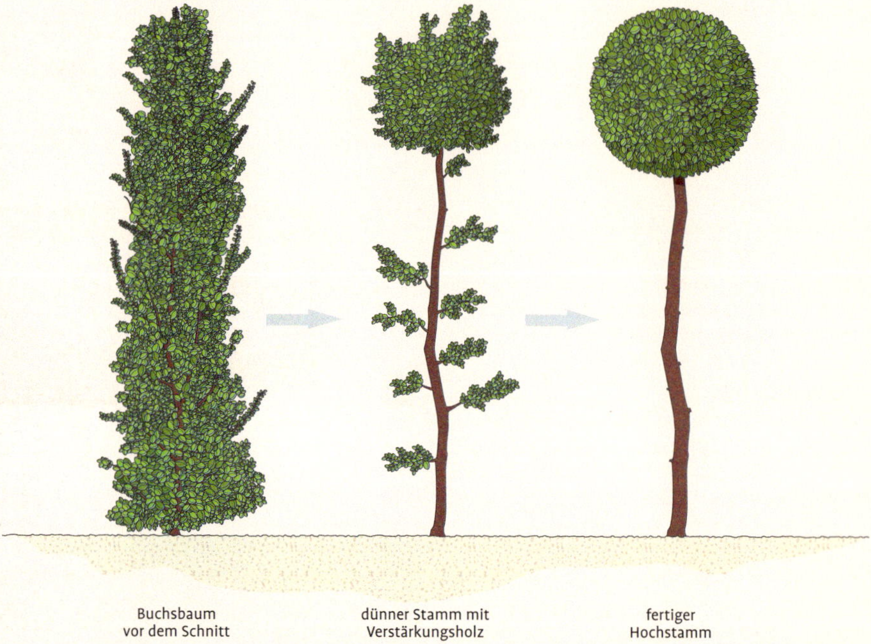


Um das Dickenwachstum des Stamms zu unterstützen, belässt man zunächst Verstärkungsholz daran. Bei Erreichen des gewünschten Stammdurchmessers kappt man die Seitenzweige.

## Vorgehensweise

Pflanzen mit geradem Mitteltrieb (Stamm) werden im unteren Bereich „aufgeputzt", man entfernt also die dort entspringenden Seitentriebe. Im mittleren Bereich des Stammes lässt man meist einige Triebe stehen, da sie das Dickenwachstum des Stammes unterstützen sollen. Dieses Verstärkungsholz wird aber regelmäßig gestutzt, sodass die Triebe weder zu lang noch zu dick werden. Direkt unter der Krone wird ebenfalls der Stamm über eine gewisse Länge aufgeputzt, um den Schnitt der Krone zu erleichtern. Die Krone selbst wird je nach Form per Augenmaß oder mit unterschiedlichen Hilfsmitteln geformt. Meist werden Kugeln geschnitten, aber auch alle anderen Formen sind natürlich möglich.

## Besonderheiten

Der Stamm sollte nicht zu dünn sein, sonst wird die Pflanze instabil und biegt sich bei Wind, Regen oder Schneelast. Beim Verhältnis von Stamm zu Krone sollten die Proportionen stimmen. Kugeln auf Stamm sehen dann attraktiv aus, wenn ihr Durchmesser etwa ein Drittel der Stammhöhe beträgt. Ist der Durchmesser größer als die Stammhöhe oder geringer als ein Viertel der Stammhöhe, wirkt die Form meist kopflastig oder nicht ausgewachsen.

## Verwendung

Historische Gärten, moderne formale Gärten, Bauerngärten, mediterrane Gärten, Grabgestaltung, Landschaftsgärten, Eingänge (Portalpflanzen).

## Geeignete Pflanzenarten

Buchsbaum, Eibe, Lorbeer (*Laurus nobilis*) und viele andere schnittverträgliche Gehölze.

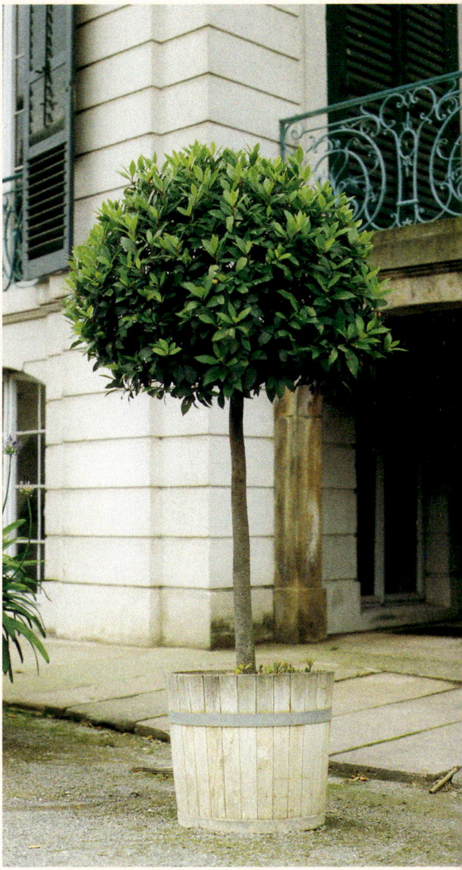

Dieses Hochstämmchen eines Lorbeerbaumes wurde zur Kugel formiert.

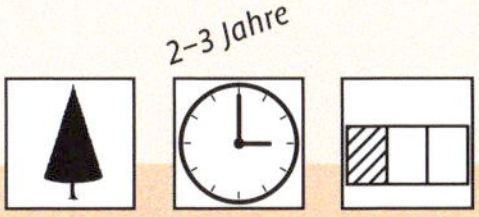

2–3 Jahre

# Etagenform, Stufenform

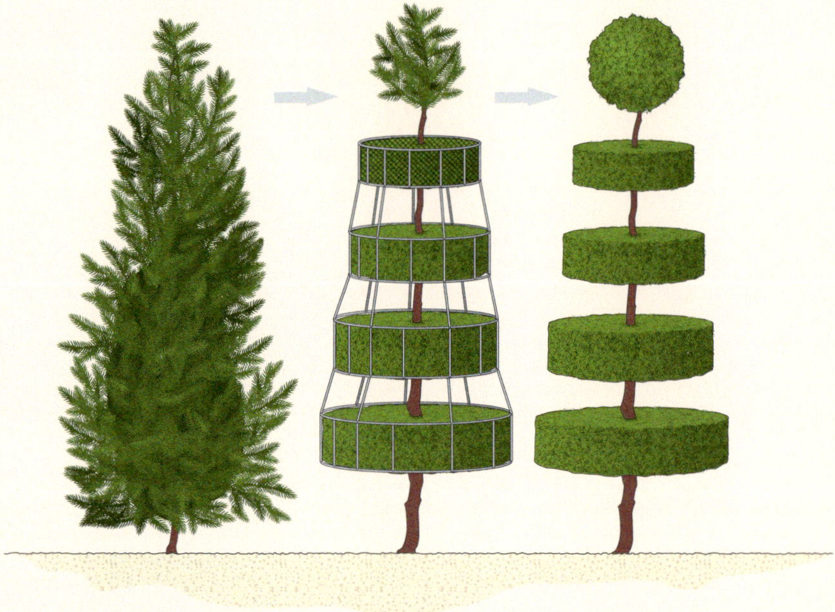

Zur Erziehung einer Stufenform werden die Zweige der Ausgangspflanze an eine feste Schablone gebunden, deren sichtbare Teile man nach Fertigstellung der Stufenform entfernt.

## Vorgehensweise

Zum Schnitt von Etagen- oder Stufenformen verwendet man meist feste Schablonen. Mit sehr viel Übung, Geduld und geeigneten Pflanzen kann man Stufenformen aber auch frei Hand schneiden. Beim Schnitt ohne Hilfsmittel werden die Etagen nach unten hin entsprechend des Astwinkels trichterförmig geschnitten, während sie mit Rahmen auch als unten flache Scheiben formiert werden können. Nach oben werden Stufenformen häufig mit einer Haube, einer Kugel oder einer Tierskulptur abgeschlossen.

## Besonderheiten

Etagenformen waren besonders im Mittelalter und in der Renaissancezeit beliebt.

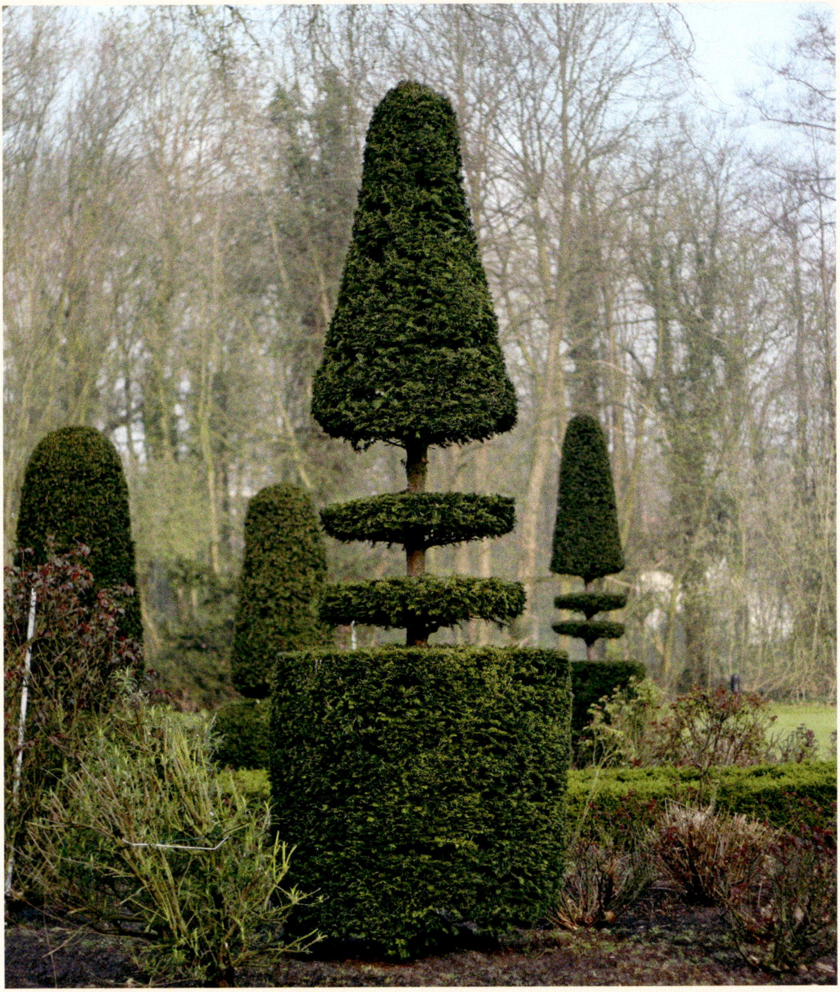

Diese Eiben werden zu Stufenformen erzogen.

## Verwendung

Historische Gärten, Bauerngärten, mediterrane Gärten.

## Geeignete Pflanzenarten

Buchsbaum, Eibe und viele andere schnittverträgliche Gehölze.

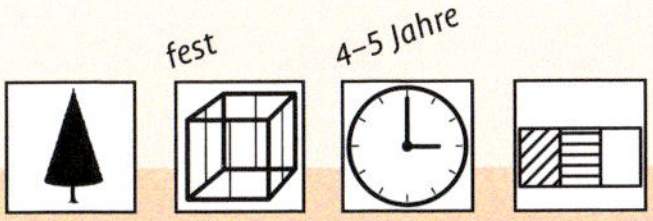

# Pudel, Mehrfach-Kugel

## Vorgehensweise

Am Stamm, der bei Bedarf durch einen Bambusstab gerade gehalten wird, werden die Kugeln frei Hand geschnitten. Die Zwischenräume sollten ähnlich groß wie der Durchmesser der Kugeln sein. Um das Dickenwachstum des Stamms zu fördern, kann man wie bei Stämmchenformen anfangs kurze Seitenzweige als Verstärkungsholz stehen lassen. Die Kugeln sollten die gleiche Größe besitzen oder nach oben hin kleiner werden. Auf keinen Fall dürfen sie (entsprechend dem natürlichen Pflanzenwachstum) nach oben hin größer werden, sonst wirkt die Pflanze kopflastig.

## Besonderheiten

Etagenformen, bei denen drei Kugeln übereinander gesetzt werden, sind sehr beliebt und werden in England und Nordamerika als „Pudel" bezeichnet.

## Verwendung

Historische Gärten, moderne formale Gärten, Bauerngärten, mediterrane Gärten, Grabgestaltung, Eingänge (Portalpflanzen).

## Geeignete Pflanzenarten

Buchsbaum, Eibe, Lebensbaum, Scheinzypresse, Leylandzypresse, Liguster und viele andere schnittverträgliche Gehölze.

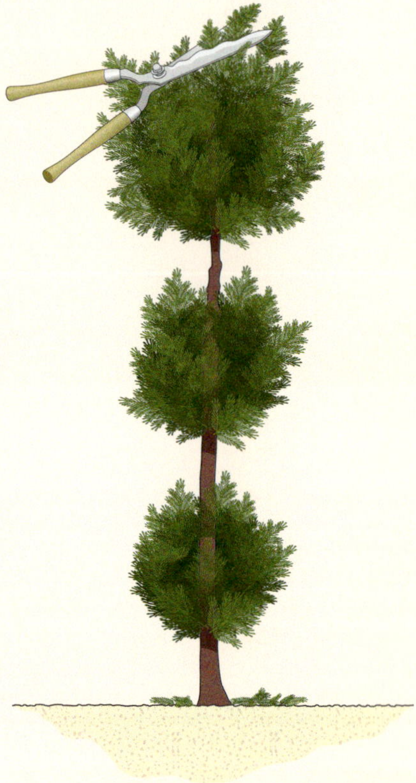

Pudel werden frei Hand geschnitten. Da die oberste Kugel am stärksten austreibt, muss man den Neutrieb auch am weitesten zurückschneiden.

Eine vorbildlich formierte Mehrfach-Kugel im Kübel. ▷

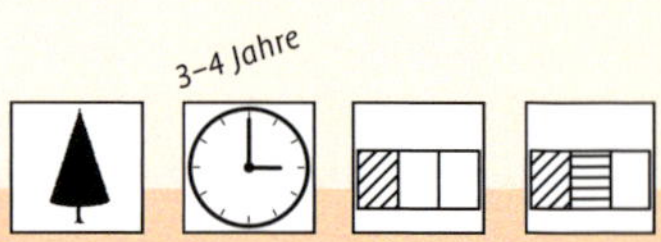

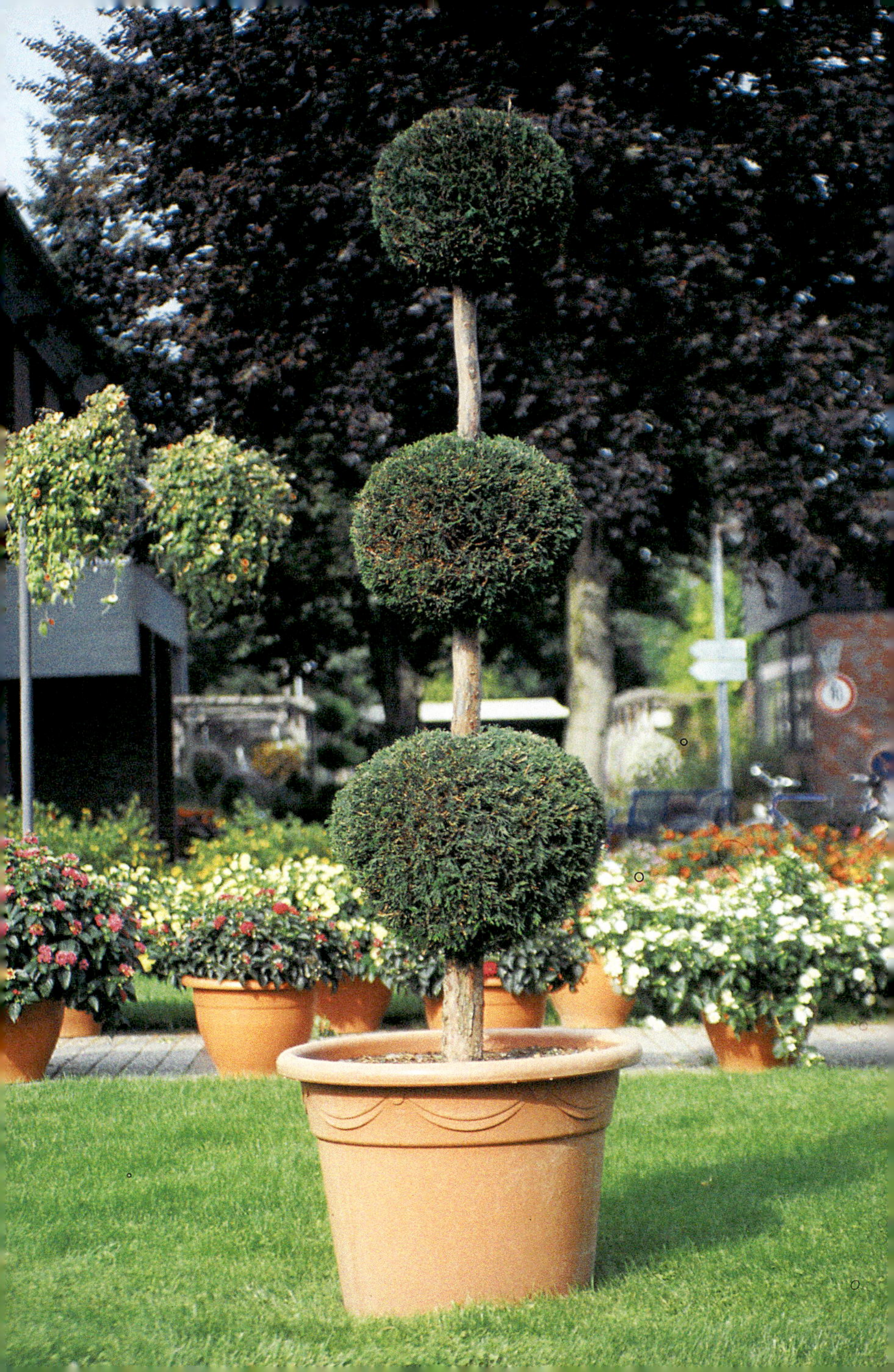

# Spalier, Baumwand

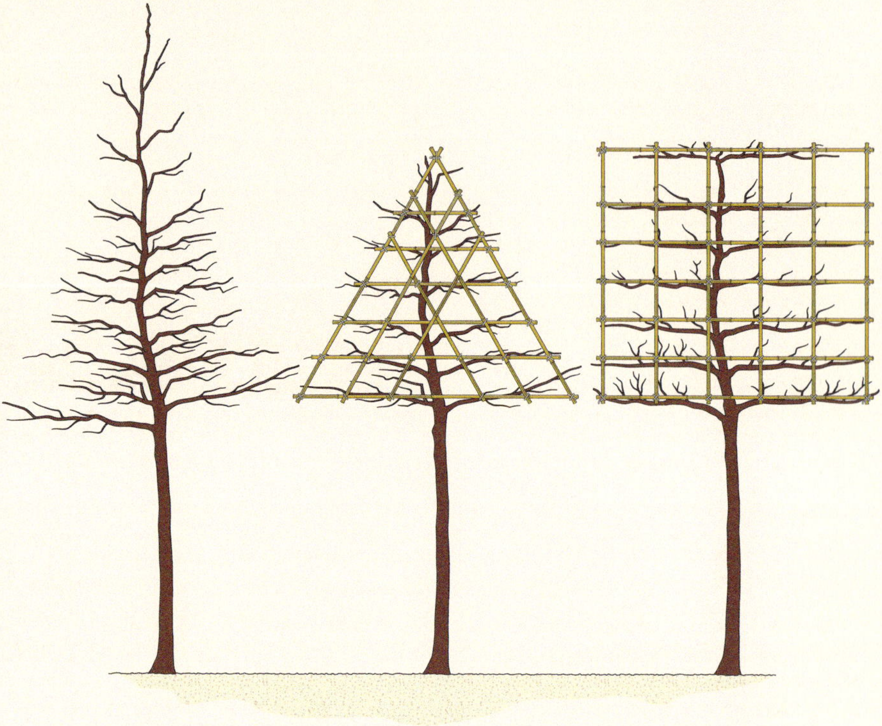

Bei dieser Spalierlinde werden zunächst der Mitteltrieb eingekürzt, ein Teil der Seitenäste ausgewählt und an ein dreieckiges Spalier gebunden (Mitte). Später wachsen die oberen Seitenzweige nach und werden an ein rechteckiges Spalier gebunden (rechts).

## Vorgehensweise

Der Begriff Spalier bedeutet soviel wie „Stütze" und umfasst daher eigentlich alle an Gerüsten gezogenen Pflanzen. Hier soll aber nur auf Obst- und Straßenbäume eingegangen werden, die flach an Gerüsten gezogen werden und dadurch wandartige Strukturen bilden oder an Wänden stehen.

Alleebäume werden so geschnitten, dass etwa 12 bis 16 Seitenäste stehen bleiben und man die dazwischen sowie nach vorn oder hinten stehenden Äste entfernt. Die Länge der Seitenäste wird zunächst pyramidal gehalten, also die untersten am längsten und die obersten am kürzesten. Besonders im oberen Bereich muss man deshalb die langen einjährigen Triebe im Frühjahr zurückschneiden, damit sie dichte Verzweigungen bilden und nicht an der Basis verkahlen. Sonst übernehmen die obersten die Führung und die untersten verkümmern. Das Spalier bleibt daher zunächst meist dreieckig. Erst wenn die Spalierform bei ihrem untersten Zweigpaar die gewünschte Breite erreicht hat, dürfen die nächsthöheren Etagen die endgültige Breite einnehmen, zuletzt das oberste Astpaar. Aus diesen waagerechten Astpaaren entspringende, aufstrebende Zweige zweiter Ordnung muss man stark zurückschneiden, damit sie sich reich verzweigen und die Spalierform dicht wird. Nach vorn und hinten wachsende Zweige zweiter Ordnung werden ebenfalls mehrfach im Jahr zurückgeschnitten – je schmaler das Spalier bleiben soll, desto stärker.

Aus Obstbäumen, vor allem Apfel- und Birnbäumen, können auf ähnliche Art Spalierformen erzogen werden. Allerdings lässt man diese durch Fruchtholzschnitt nicht zu dicht wachsen, damit die Früchte der Sonne ausgesetzt sind und dadurch eine gute Qualität bekommen.

## Besonderheiten

Spalierbäume werden meist in Reihen gepflanzt, sodass bandartige Strukturen entstehen (Baumbänder). Obstbäume werden in vielen unterschiedlichen Formen gezogen, die hier nicht detailliert beschrieben werden.

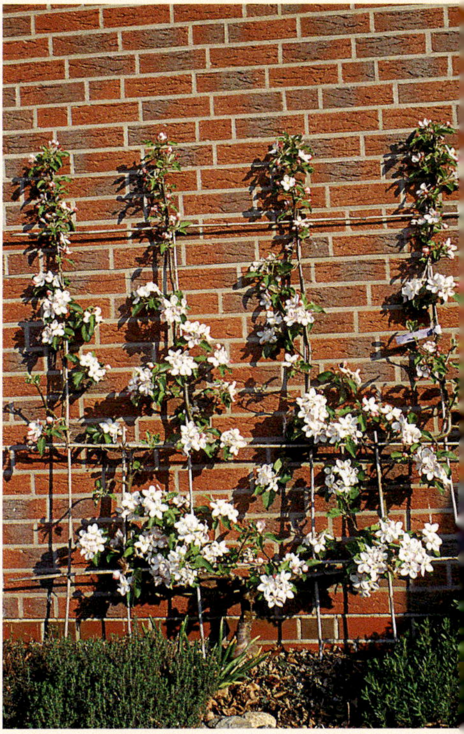

Spalier mit Apfel-Formobst an einer Hauswand.

## Verwendung

Historische Gärten, moderne formale Gärten, Bauerngärten, mediterrane Gärten.

## Geeignete Pflanzenarten

Linden, Platanen, Feuerdorn, Apfel- und Birnbäume und viele andere schnittverträgliche Gehölze.

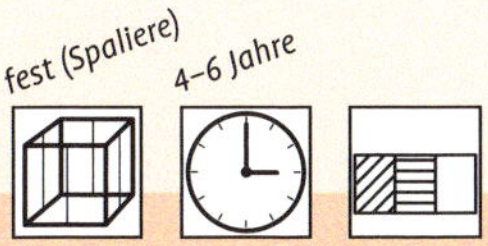

# Kastenform

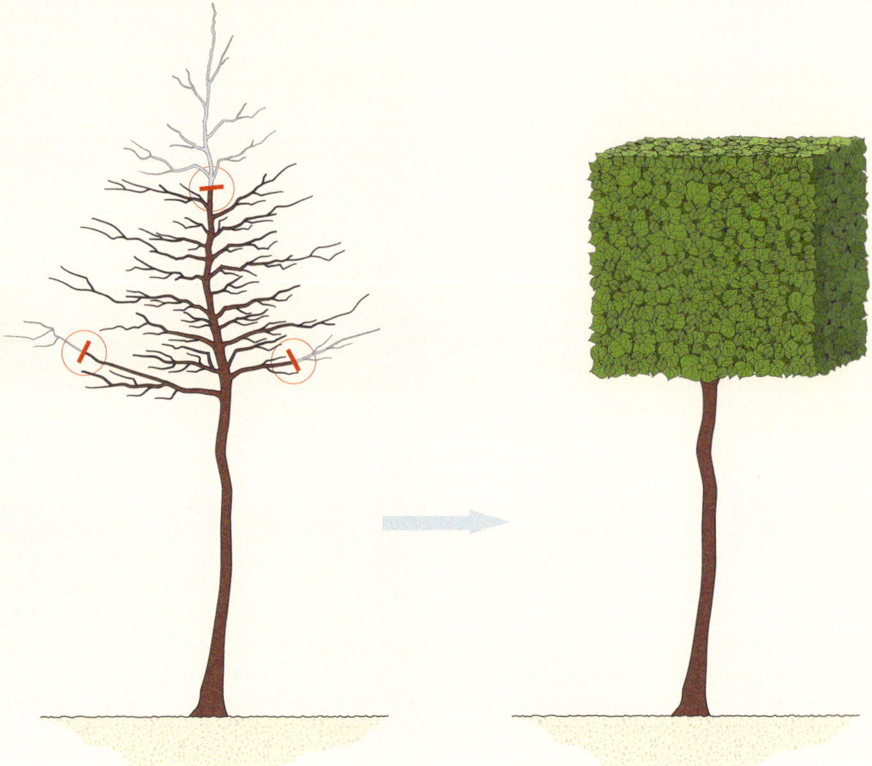

Bei dieser Kastenlinde werden der Mitteltrieb und die unteren Seitenzweige stark eingekürzt. Durch mehrfachen Schnitt im Sommer und Winter entsteht allmählich eine Kastenform.

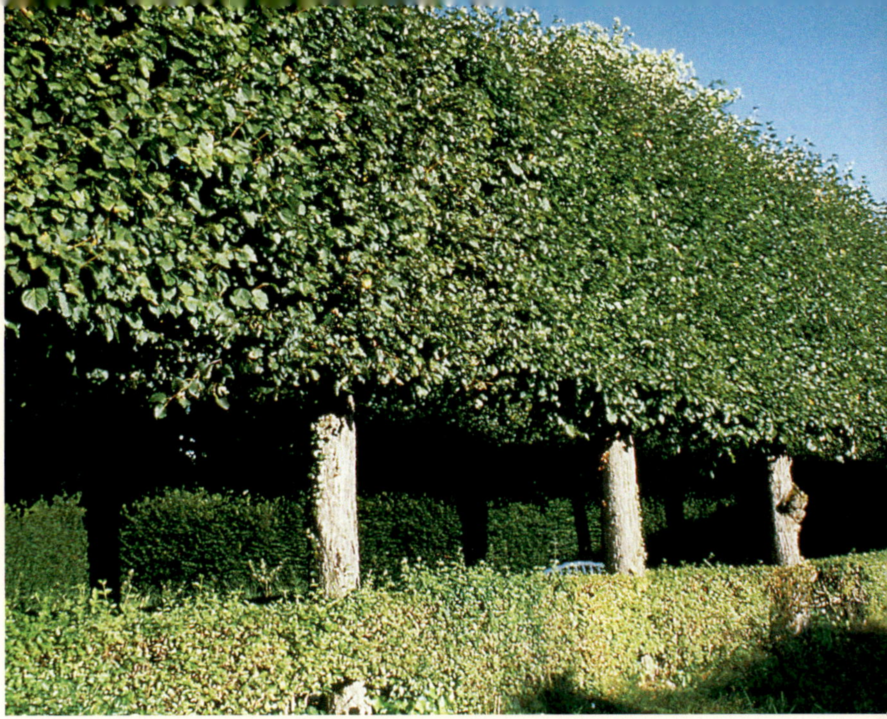

Ein imposantes Baumband aus Linden (Barockgarten Veitshöchheim).

### Vorgehensweise

Bei Alleebäumen werden der Mitteltrieb sowie lange Kronenäste zurückgeschnitten und mehrfach in Form geschnitten, bis sich eine Kastenform bildet. Das geschieht meist ohne Schablone nach Augenmaß.

### Besonderheiten

Alleebäume mit kastenförmiger Krone können zwar einzeln gepflanzt werden, werden aber wie Alleebäume mit spalierförmiger Krone meist in Reihen gepflanzt, sodass bandartige Strukturen entstehen.

### Verwendung

Historische Gärten, moderne formale Gärten, Bauerngärten, mediterrane Gärten, städtische Plätze und Straßen.

### Geeignete Pflanzenarten

Linden, Platanen und andere schnittverträgliche Gehölze.

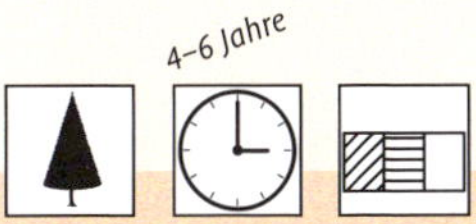

# Dach

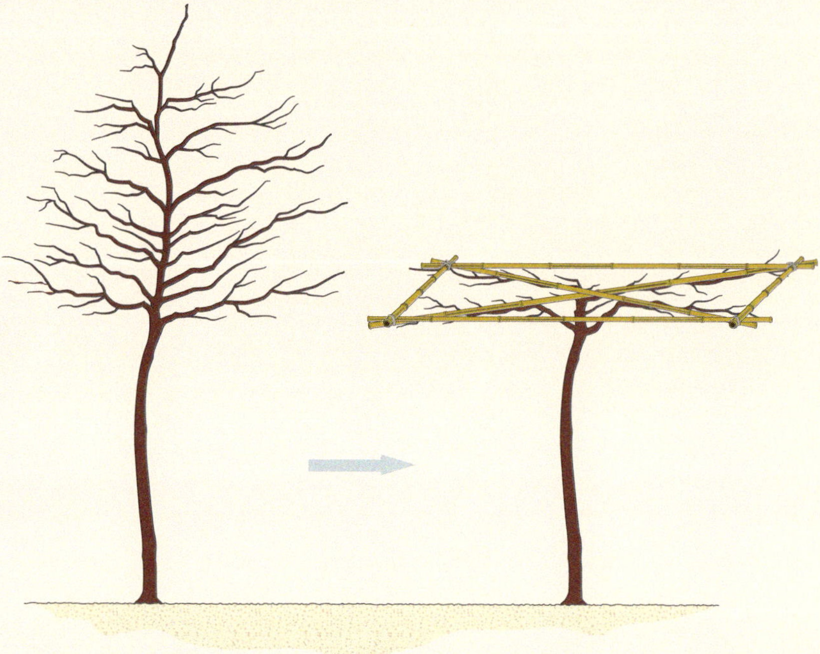

Bei dieser Platane werden größere Teile der Krone entfernt und die unteren vier Seitenäste an einem Spalier waagerecht in die Dachform gezogen.

## Vorgehensweise

Von jungen Bäumen wird der obere Teil der Krone entfernt, sodass nur die vier bis sechs untersten Kronenäste stehen bleiben. Diese werden gestutzt und an ein horizontales Spalier aus zwei oder drei sehr langen Bambusstäben geheftet. So entstehen vier bis sechs „Arme“ in ähnlicher Höhe. Damit sie an ihrer Basis nicht verkahlen, werden die einjährigen Triebe im Frühjahr auf etwa fünf bis sieben Knospen zurückgeschnitten. In Baumschulen werden die dachförmigen Kronen aus Transportgründen nur bis 2,50 m Durchmesser gezogen, am Endstandort können sie aber auch breiter werden. Haben die Kronen die gewünschte Breite erreicht, ist das Spalier überflüssig und kann entfernt werden. Die an diesen Gerüstästen wachsenden Seitenzweige werden meist im frühen Frühjahr sehr kurz zurückgeschnitten, es genügt, wenn ein bis zwei Knospen übrig bleiben. Stehen die Austriebe sehr dicht, kann man auch einen Teil von ihnen komplett entfernen. Dieser Schnitt sollte jedes Jahr durchgeführt werden, damit die entstehenden Wunden möglichst klein bleiben. Durch diesen Schnitt bilden sich an den Enden und manchmal auch an Biegungen der Äste charakteristsche runde Wölbungen ähnlich wie bei Kopfweiden oder Dorflinden, die man als „Köpfe“ bezeichnet.

## Besonderheiten

Besonders gut zur räumlichen Einfassung von Plätzen geeignet.

## Verwendung

Stadtplätze, historische Gärten, moderne formale Gärten.

## Geeignete Pflanzenarten

Meist Platanen, seltener Linden oder andere schnittverträgliche Baumarten.

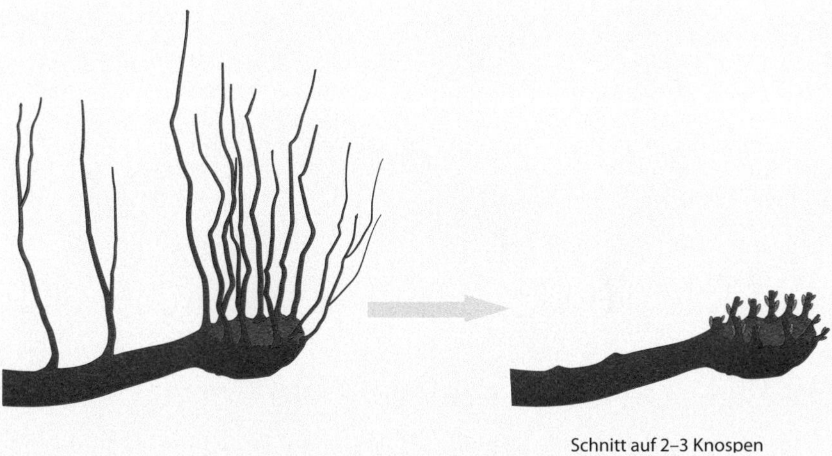


Aus den „Armen“ der Dachform entspringende Zweige werden jährlich stark zurückgeschnitten, sodass an den Enden der „Arme“ so genannte „Köpfe“ entstehen.

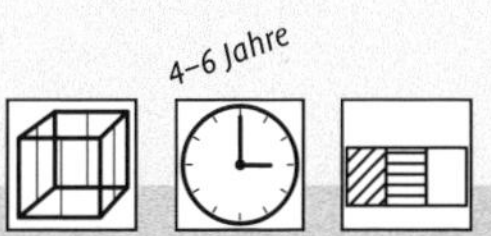

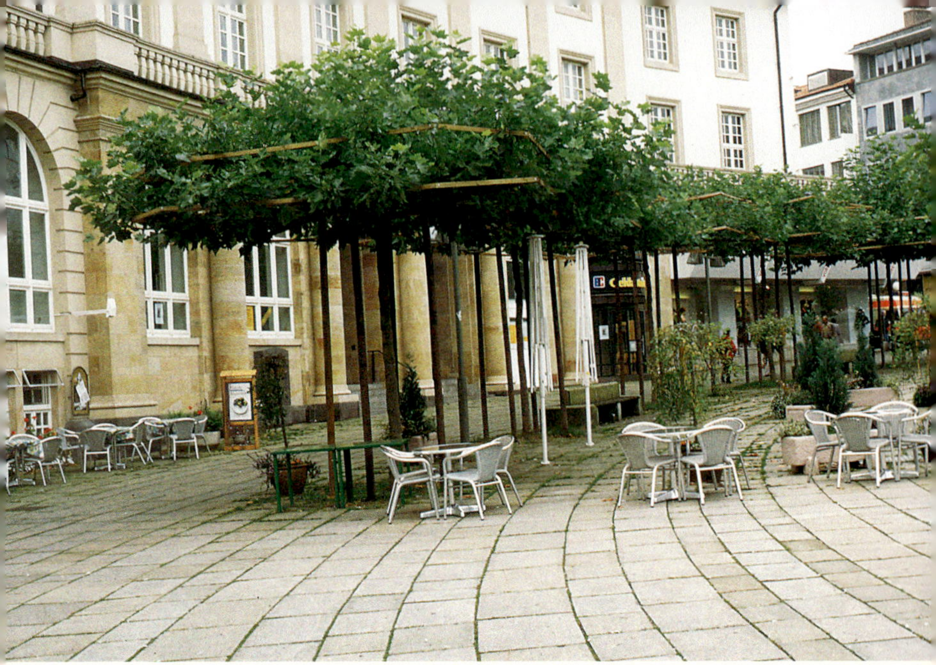

Unter den Dachplatanen auf dem Königsplatz in Kassel lässt es sich im Schatten gut aushalten.

In der Baumschule zur Pinienform erzogene Schwarz-Kiefern.

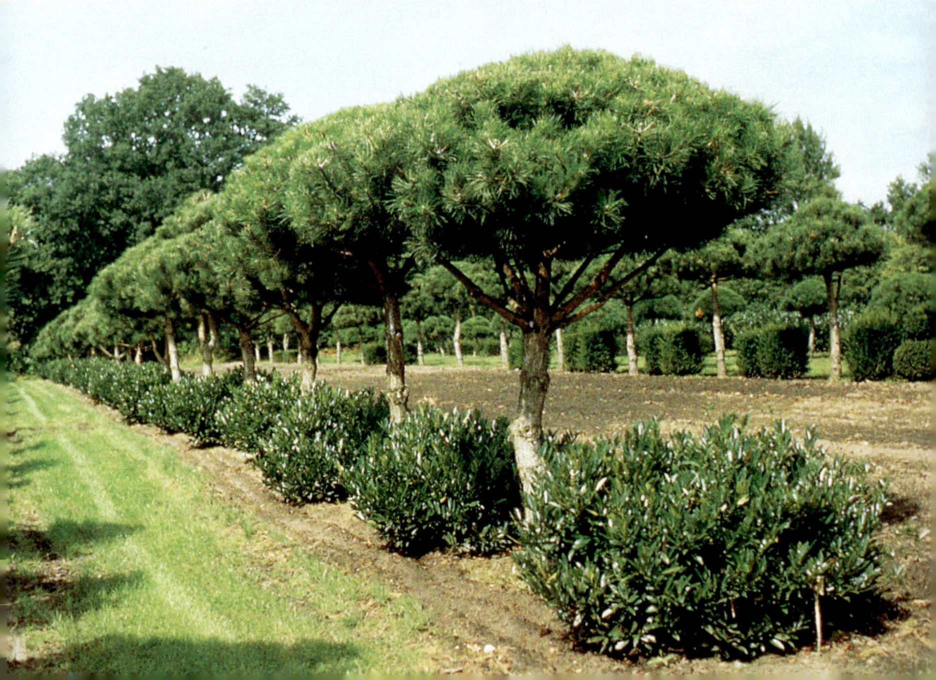

# Pinienform

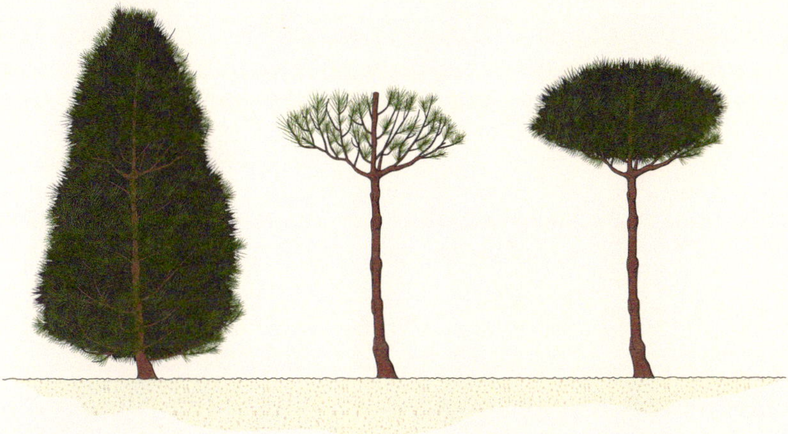

Bei Kiefern werden die Seitenäste am Stamm und die oberen Kronenäste entfernt. Durch regelmäßigen Schnitt entstehen pilzförmige Pinienformen.

## Vorgehensweise

Von Österreichischen Schwarz-Kiefern (*Pinus nigra* subsp. *nigra*) werden die unteren Seitentriebe entfernt, sodass Stammformen entstehen. Außerdem entfernt man den oberen Teil der Krone. Dadurch entsteht zunächst ein Trichter, der sich mit der Zeit durch Seitentriebe füllt. Jährlich wird der Neuaustrieb so geschnitten, dass mit der Zeit eine pilzförmige Krone entsteht. Für besonders malerische Pinienformen eignen sich Pflanzen, deren Stamm von Natur aus leicht geschwungen ist.

## Besonderheiten

Die Pinie (*Pinus pinea*) ist eine Kiefernart, die in mediterranem Klima wächst und für unsere Witterungsbedingungen nicht ausreichend frosthart ist. Sie bildet eine charakteristische, breit pilzförmige Krone aus, die sehr attraktiv und wie Dachplatanen oder Säulenzypressen typisch für die Vegetation vieler Mittelmeerländer ist. In den letzten Jahren schneidet man auch Schwarz-Kiefern gerne in Pinienform. Österreichische Schwarz-Kiefern eignen sich einerseits wegen ihrer Frosthärte und Anspruchslosigkeit gut für die meisten Standorte, und sie haben andererseits eine ähnlich dunkle und lange Benadelung wie Pinien.

## Verwendung

Mediterrane Gärten, Landschaftsgärten.

## Geeignete Pflanzenart

Österreichische Schwarz-Kiefer

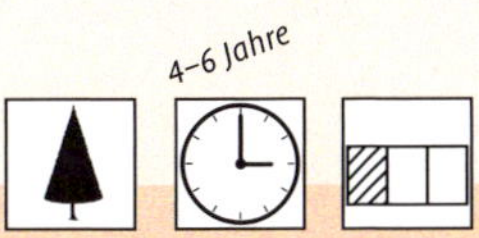

# Fantasieformen

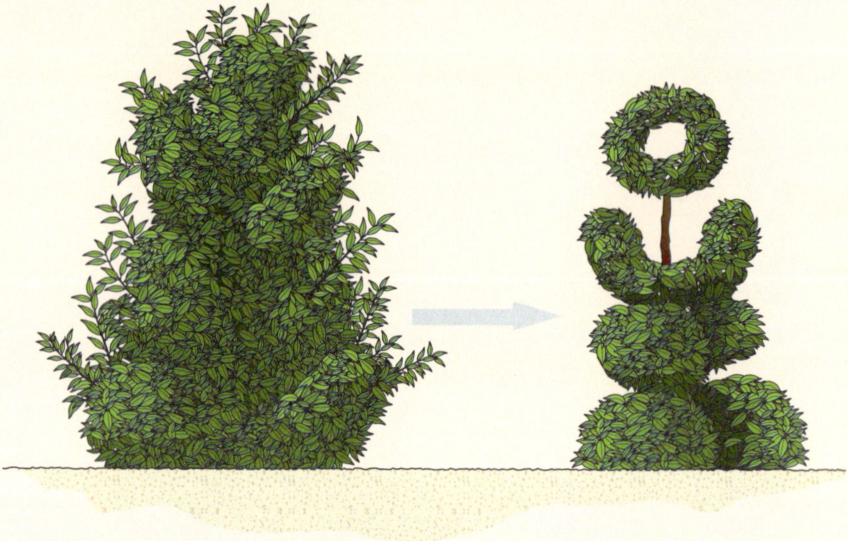

Bei der Erziehung von Fantasieformen sollte die natürliche Wuchsform der Ausgangspflanze berücksichtigt werden.

## Vorgehensweise

Gelegentlich werden schnittverträgliche Pflanzen in Formen geschnitten, die keiner der hier beschriebenen Kategorien zuzuordnen sind. Je nach gewünschter Form werden die Pflanzen meist frei Hand geschnitten, gelegentlich aber auch Schablonen zu Hilfe genommen.

## Besonderheiten

Häufig haben diese Pflanzen einen besonderen Reiz, wenn man beim Schnitt auf ihre Eigenarten eingeht oder fantasievolle Formen entwickelt. Gern werden diese mit geometrischen Formen – oft stilisierten gegenständlichen Skulpturen – kombiniert.

## Verwendung

Moderne formale Gärten, Landschaftsgärten.

## Geeignete Pflanzenarten

Buchsbaum, Eibe und viele andere schnittverträgliche Gehölze.

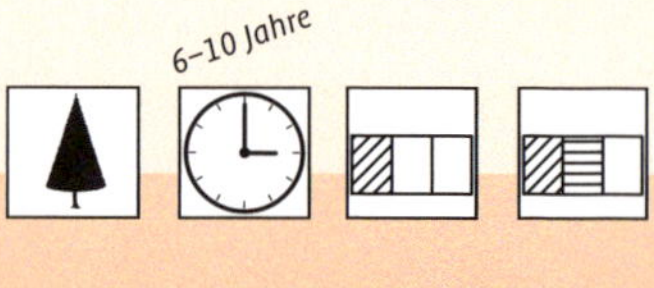

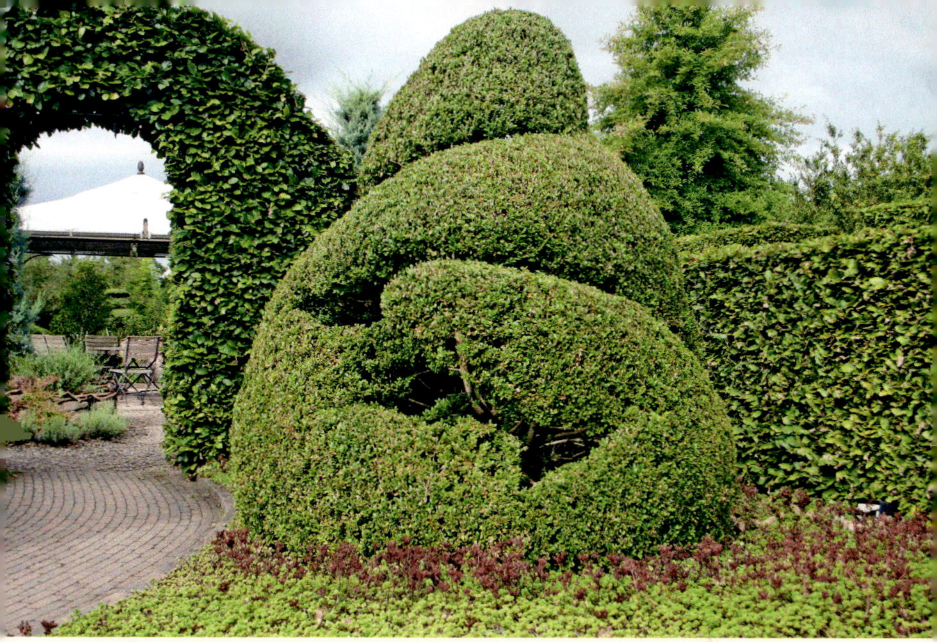

Diese fantasievoll geformte, abstrakte Buchsbaum-Skulptur ist im „Park der Gärten" (Bad Zwischenahn) zu bewundern.

Diese zu einem Pyramidenstumpf geschnittene Eibe wird von zwei ineinander verschlungenen Figuren geschmückt (Kasteel Twickel).

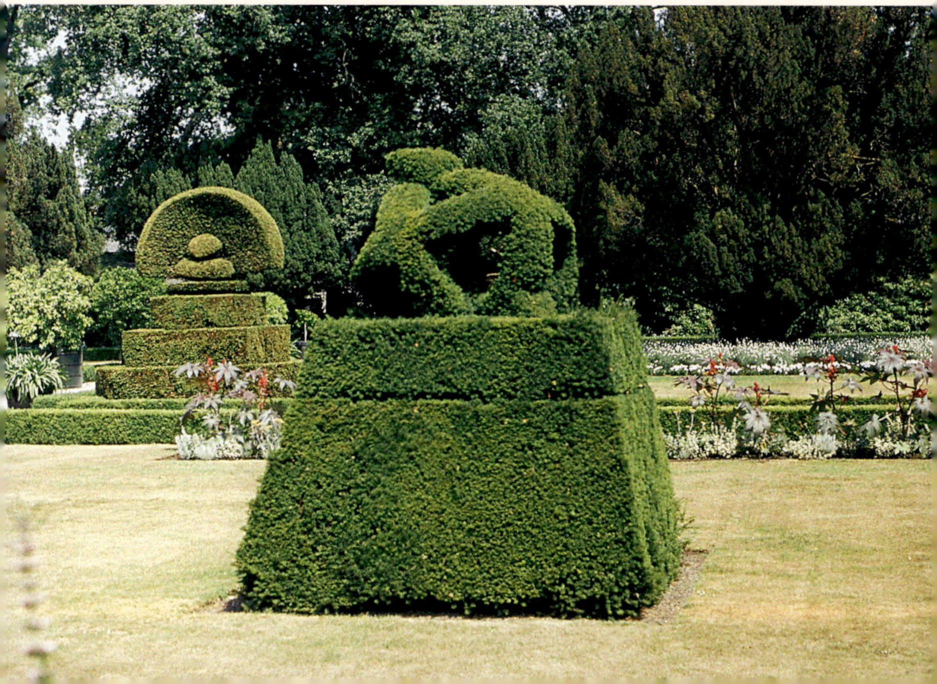

# Pompon, Orient-Pompon

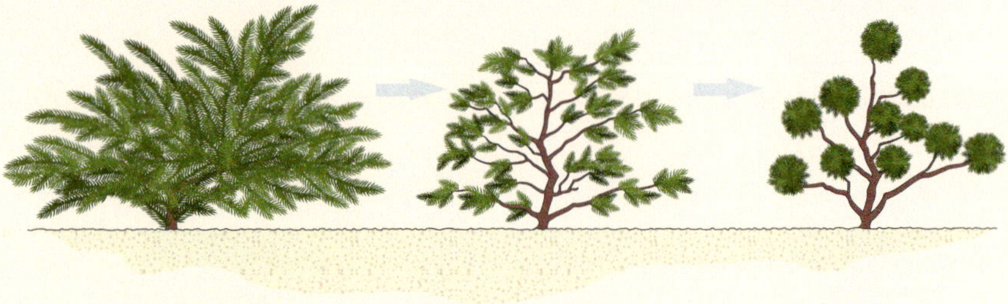

Strauchartig gewachsene Pflanzen mit mehreren Grundtrieben können zu Pompon-Formen gezogen werden.

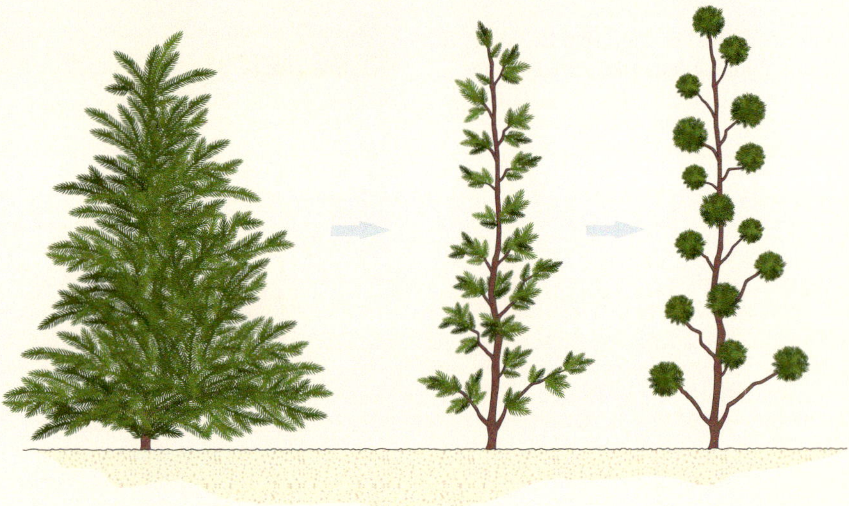

Für Orient-Pompon-Formen eignen sich dagegen schlankere Pflanzen mit einem deutlichen Mitteltrieb.

## Vorgehensweise

Zweige von strauchartig gewachsenen Nadel- oder Laubgehölzen werden eingekürzt und an den Enden der Austrieb durch Schnitt zu Bällen (Pompons) geformt. Die Zweige dürfen dabei nicht zu dünn sein, da das Dickenwachstum nach dem Schnitt stark nachlässt und die Bälle sonst auf zu dünnen Zweigen herunterhängen. Austriebe an der Basis und dem mittleren Bereich der Zweige entfernt man möglichst früh.

Je nach Größe der Pompon-Form werden meist 9 bis 18 Äste ausgewählt, an deren Spitzen die Bälle geformt werden. Damit die Pflanze später malerisch wirkt, sollten die Äste möglichst gleichmäßig verteilt sein, aber keine Quirle bilden. Außerdem sollten sie sich nicht überkreuzen. Die typische Pompon-Form ist strauchförmig, die Äste sind also etwa gleich stark.

Formen, die einen mehr oder weniger geraden Mitteltrieb (Stamm) und daraus entspringende Seitenzweige mit Bällen besitzen, sind ebenfalls sehr beliebt und werden in Nordamerika „Orient-Pompon" genannt. Die Erziehung ähnelt dem der beschriebenen Pompon-Formen, aber die Seitenäste am Stamm im unteren Bereich sollten etwas länger und an der Spitze etwas kürzer sein, damit die Pflanze einen leicht kegelförmigen Aufbau bekommt und nicht kopflastig wird. Das ist natürlich auch bei der Größe der Bälle zu beachten: Die im oberen Bereich naturgemäß stärker als die unteren wachsenden Bälle muss man durch entsprechend starken Schnitt kleiner oder in derselben Größe wie die unteren halten, sonst verkümmern diese.

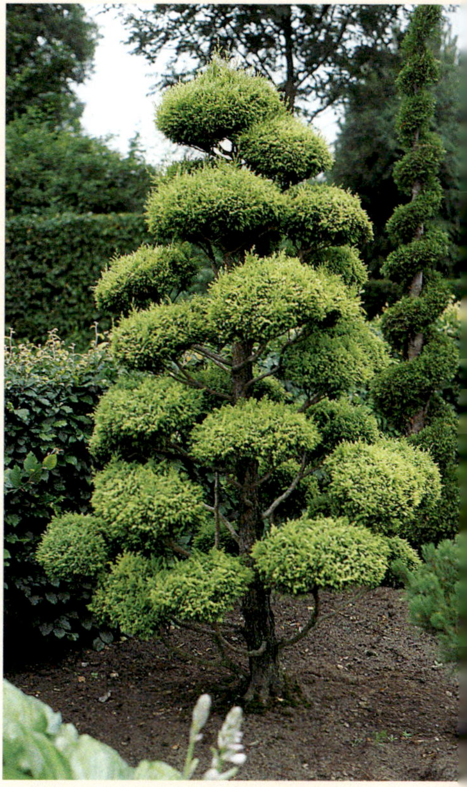

Die Schnittform des Orient-Pompons verleiht dieser Scheinzypresse eine exotische Note.

## Besonderheiten

Pompon-Formen haben in Nordamerika große Beliebtheit erlangt und werden außer auf die japanischen „Niwaki" (siehe Seite 85) auf den Wolkenschnitt zurückgeführt, der in Südchina, Vietnam, Thailand und anderen südostasiatischen Ländern verbreitet ist. Beim Wolkenschnitt werden auf ein natürlich gewachsenes, häufig bizarres Astgerüst nach dem Rückschnitt wolken- oder kugelförmige Formen geschnitten. Auch wenn solche Wolkenformen auf den ersten Blick Bonsai-Formen ähneln, ist das Ziel völlig gegensätzlich. Wolkenformen erhalten ihre Wirkung aus dem Kontrast zwischen dem natürlich-bizarren Wuchs der Äste

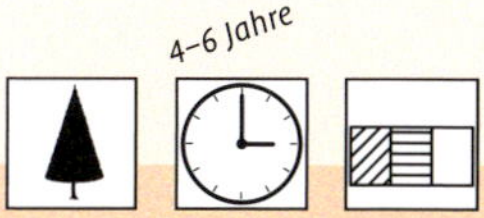

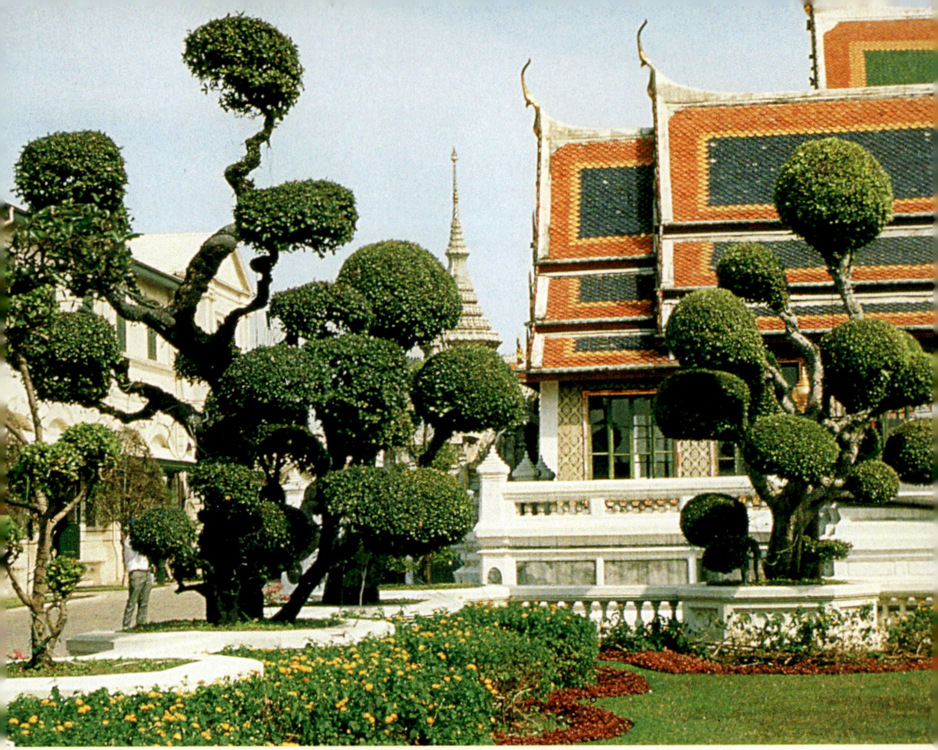

Wolkenschnitt an Bäumen in Bangkok als Vorbild für Pompon-Formen.

und der Abstraktheit der zu Wolken oder Kugeln geschnittenen Zweige. Beim Bonsai ist dagegen immer das Ziel, eine möglichst natürlich wirkende Zwergform einer Pflanze im Altershabitus zu erzeugen.

### Verwendung
Asiengärten

### Geeignete Pflanzenarten
Wacholder, Leyland-Zypresse, Scheinzypresse und viele andere gleichmäßig verzweigte, schnittverträgliche Gehölze.

# Bonsai-Form (Niwaki)

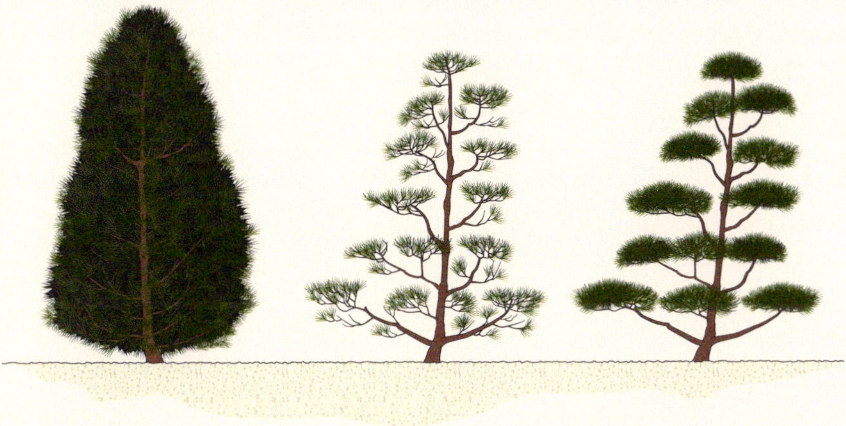

Um eine Bonsai-Form zu erziehen, emtfernt man bei dieser natürlich gewachsenen Kiefer (links) einen Teil der Zweige (Mitte). Die übrig gebliebenen werden teils zu Kissen formiert, teils aber auch im Laufe des Erziehungsschnitts entfernt.

## Vorgehensweise

Verzweigte, möglichst malerisch gewachsene Pflanzen (meist Kiefern) werden „ausgedünnt“: Man entfernt einen Teil ihrer Zweige und schneidet den verbleibenden Teil etwas zurück, damit die Äste nicht zu dünn werden. Bei Kiefern sollte man darauf achten, dass nicht zu viele junge benadelte Zweige auf einmal entfernt werden, damit genügend grüne Pflanzenteile verbleiben, die die Wurzeln ernähren können. So werden die nicht gewünschten Zweige meist schrittweise über mehrere Jahre abgeschnitten, während sich an den verbleibenden Zweigen größere Teller bilden. Pflanzengattungen mit kräftigerem Austriebsvermögen kann man im Frühjahr entsprechend stärker schneiden.

Damit die Pflanze später malerisch wirkt, sollte man die verbleibenden Äste möglichst gleichmäßig verteilen, wobei diese aber nicht aus demselben Quirl und nicht gegenüber entspringen und sich auch nicht überkreuzen sollten. In manchen Fällen werden Zweige mit Bändern in eine waagerechte oder gar hängende Position gebogen, um den Habitus einer alten Pflanze mit waagerechten oder hängenden Seitenästen zu imitieren.

Pflanzen in Bonsai-Form sind sehr unterschiedlich gestaltet: Manche locker, manche dichter, manche naturnah und manche stilisiert. In Deutschland werden

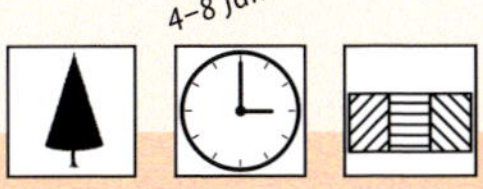

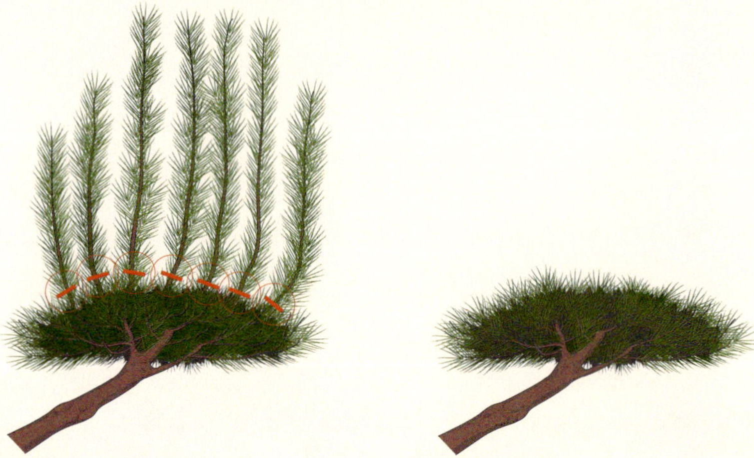

Zur Erhaltung der Kissenform werden die neuen Triebe („Kerzen“) jährlich im Mai/Juni bis auf wenige Millimeter Länge eingekürzt.

Pflanzen häufig zu Formen geschnitten, die Übergänge zwischen Pompon-Formen und Bonsai-Formen bilden und keiner dieser beiden Kategorien klar zuzuordnen sind. Meist entscheidet die Kreativität des Gärtners, der sie nach eigenen Vorstellungen gestaltet, gelegentlich werden aber auch Formen aus der Bonsai-Kunst nachgeahmt. Besonders malerische Pflanzen kann man zum Beispiel dadurch formen, dass man die Ausgangspflanzen schräg pflanzt und der Stamm später eine geschwungene Form bekommt.

Die meisten in Europa verkauften Bonsai-Formen werden auch in Europa geformt, ein gewisser Teil wird aber aus Japan importiert und einige Jahre hier weiterkultiviert. Dabei handelt es sich häufig um Japanische Eiben (*Taxus cuspidata*) oder Japanische Stechpalmen (*Ilex crenata*).

An den Enden der Zweige bilden sich durch den Schnitt aus den jungen Zweigen allmählich Teller, Wolken oder Bälle. In den ersten Jahren wird der Neuaustrieb je nach Stärke auf etwa ein Drittel seiner Länge gestutzt, um einen deutlichen Zuwachs zu erhalten. Wenn nach etwa vier bis acht Jahren die gewünschte Größe erreicht ist, wird fast der gesamte Austrieb bis auf wenige Millimeter entfernt, und nach einigen Jahren auch ins etwas ältere Holz zurückgeschnitten, damit die Form der Pflanze erhalten werden kann.

Diese Kiefer ist als Niwaki geformt, darunter befinden sich kissenförmige Karikomi. ▷

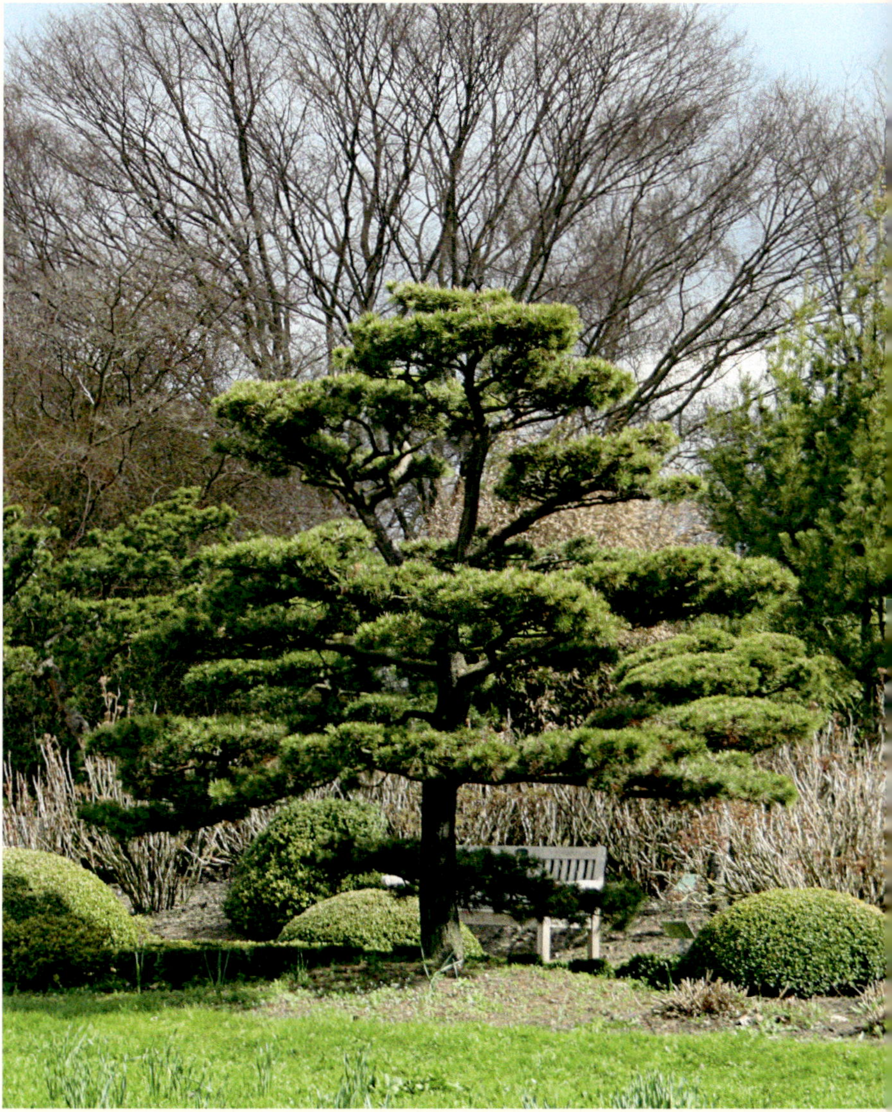

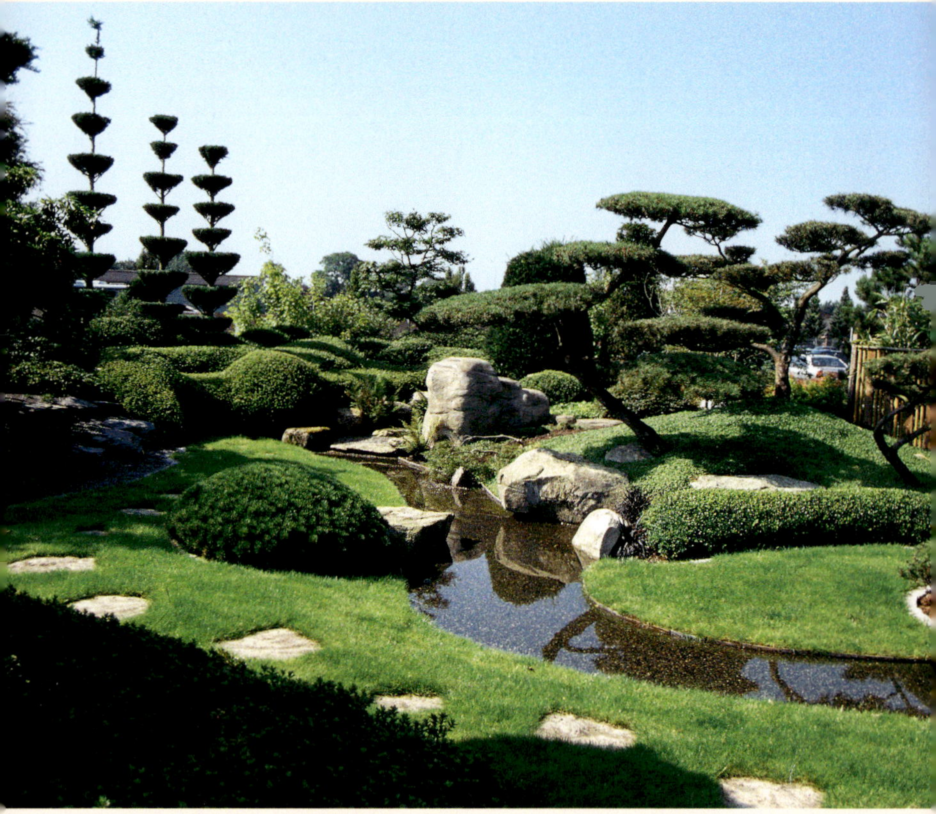

Ein modellhafter Japangarten im „Park der Gärten“ (Bad Zwischenahn), der außer Pflanzen in Etagenform, Kissenform (Karikomi) und zum Teil bonsaiförmigen malerischen Pflanzen (Niwaki) auch die typischen Elemente „Fels“ und „Wasser“ enthält.

Um die Belichtung zu verbessern, werden bei Kiefern in Japan im Herbst die älteren Nadeln entfernt und die dicht stehenden Triebe ausgedünnt (Momiage-Behandlung). Das ist allerdings in Europa nicht üblich.

Um besonders breite, flache Teller zu erzielen, kann man kleine Rahmen verwenden, zum Beispiel aus zweimal drei Bambusstäben von etwa 40 cm Länge, die im rechten Winkel miteinander verbunden werden. An diese Rahmen bindet man dann die seitlichen Triebe waagerecht an und beschleunigt auf diese Weise das Breitenwachstum des Tellers.

## Besonderheiten

Bonsai bedeutet soviel wie „Baum in Schale“ und hat daher eigentlich nichts mit Pflanzen zu tun, die in den Garten ausgepflanzt werden. Die Kunst, Gehölze in flachen Töpfen oder Schalen durch Schnitt und Formung zu Altersformen zu ziehen, ist vor etwa 1500 Jahren in China entstanden und wurde später in Japan übernommen. Echte Bonsai werden nicht nach der Fantasie des Gärtners, sondern in enger Anlehnung an den natürlichen Wuchs der jeweils verwendeten Pflanzenart nach bestimmten Stilmustern geformt.

Die Pflanzen, die bei uns als Bonsai-Formen angeboten sind, sind also keine Bonsai im eigentlichen Sinne, ahmen sie aber in gewisser Weise nach. Auch bei diesen soll die malerische Altersform bei einer jüngeren, kleineren Pflanze erzeugt werden. Nur ist diese Pflanze in einem größeren Kübel oder in den Boden ausgepflanzt und auf eine Höhe von etwa 150 bis 400 cm begrenzt, während Bonsai in ihren wesentlich kleineren Pflanzgefäßen auf einer Größe von etwa 20 bis 80 cm gehalten werden.

Die bei uns als Bonsai-Formen bezeichneten Pflanzen gehen eigentlich eher auf den in Deutschland weniger bekannten Schnitt der „Niwaki“ zurück, die in japanischen Gärten neben den kissenförmig geschnittenen Sträuchern („Karikomi“), den Felsen und dem Wasser eine bedeutende Rolle spielen. Niwaki können ungeschnittene Pflanzen (z. B. Ahorne, Blütenkirschen) sein, häufig werden aber Kiefern zu Altersformen geschnitten. Sie sind eigentlich die Vorbilder für unsere „Bonsai-Formen“.

Karikomi, die kissenartigen Sträucher, werden meist aus Japanischen Azaleen, Japanischen Stechpalmen oder Buchsbaum geformt. Aber auch kompakt wachsende Kiefernsorten eignen sich sehr gut dafür. Ähnlich wie Steine sind sie nie ganz rund, sondern meist abgeflacht und etwas unregelmäßig. Japanische Azaleen werden durch den Schnitt in ihrem Blütenansatz gestört, bilden aber meist trotzdem einige Blütenknospen aus.

## Verwendung

Asiengärten

## Geeignete Pflanzenarten

Kiefern verschiedener Arten, Eiben, Japanische Stechpalme, Wacholder und viele andere schnittverträgliche Gehölze.

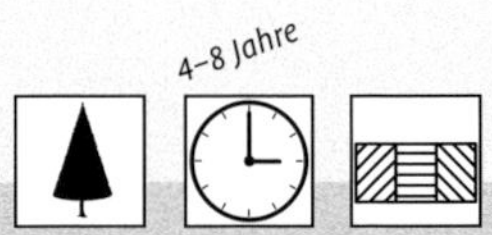

# Korb, Tierformen, Herz, sonstige Skulpturen

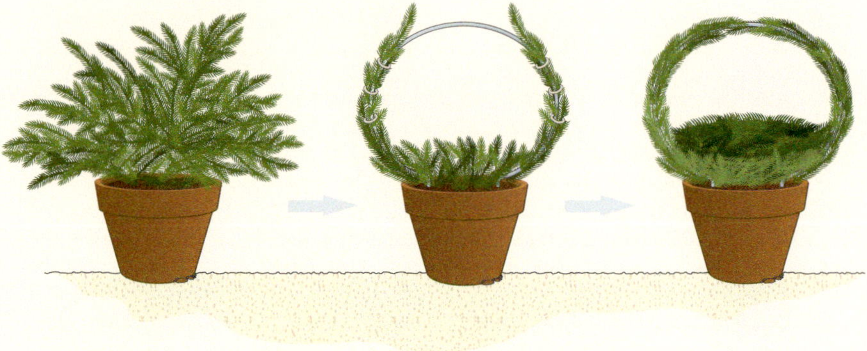

Mit einem einfachen Metallbogen wird dieser Wacholder zu einem Korb erzogen.

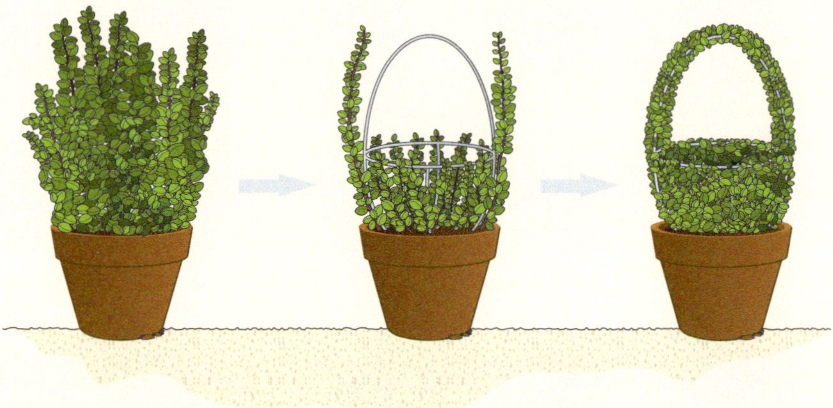

Für einen offenen Korb (hier aus Buchsbaum) ist dagegen eine aufwändigere, korbförmige Schablone nötig.

## Vorgehensweise

Die Formen von Skulpturen sind so filigran, dass man mit dicht verzweigten, kleinblättrigen Pflanzenarten wie Buchsbaum oder Eibe die beste Wirkung erzielen kann. Außerdem sind meist feste Schablonen nötig, an welche die Zweige der Pflanzen geheftet werden. Sie helfen außerdem bei der Formgebung. Die Herstellung solcher Schablonen erfordert oft viel handwerkliches Geschick und künstlerische Kreativität.

Für den Rahmen werden dicke Drähte oder dünne Metallstäbe gewählt, die durch Drähte oder durch Schweißen miteinander verbunden werden. Gelegentlich werden Flächen außerdem mit feinem Sechseck-Geflecht („Kaninchendraht") bedeckt.

Manchmal verwendet man auch gefüllte Schablonen, an denen Kletterpflanzen wachsen. Bei einer gefüllten Schablone bildet wie bei einem ungefüllten Modell ein Rahmen aus dickem Draht oder dünnen Metallstäben das Grundgerüst. Eine Außenhaut besteht aus engem Sechseck-Drahtgeflecht oder Kunststoffnetz. Innen ist die Form mit Torfsubstrat gefüllt, im Außenbereich meist mit *Sphagnum*-Moos ausgepolstert, damit das Torfsubstrat nicht bei Wind oder Regen aus der Schablone rieselt. Soll die gefüllte Form langlebig sein und will man die Pflanzen mehrere Monate lang wachsen lassen, muss man besonders auf eine gleichmäßige Ernährung und Bewässerung achten. Das kann man zum Beispiel mittels Tropfschläuchen in der Schablone gewährleisten, durch die die Pflanzen gleichmäßig mit Gießwasser und auch mit Flüssigdünger versorgt werden können.

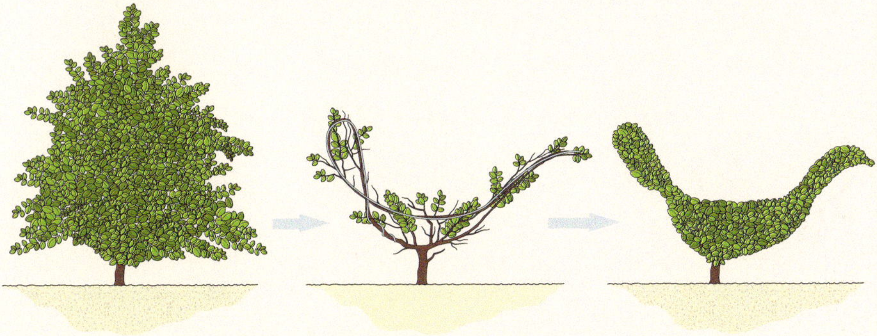

Mit einer entsprechenden Drahtschablone wird eine Vogelform erzogen.

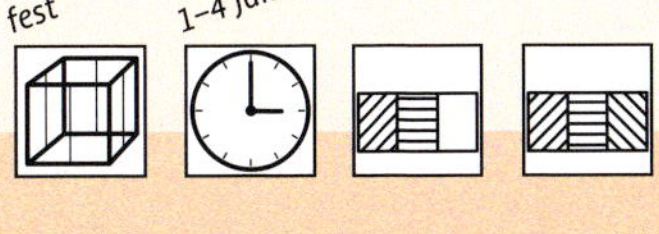

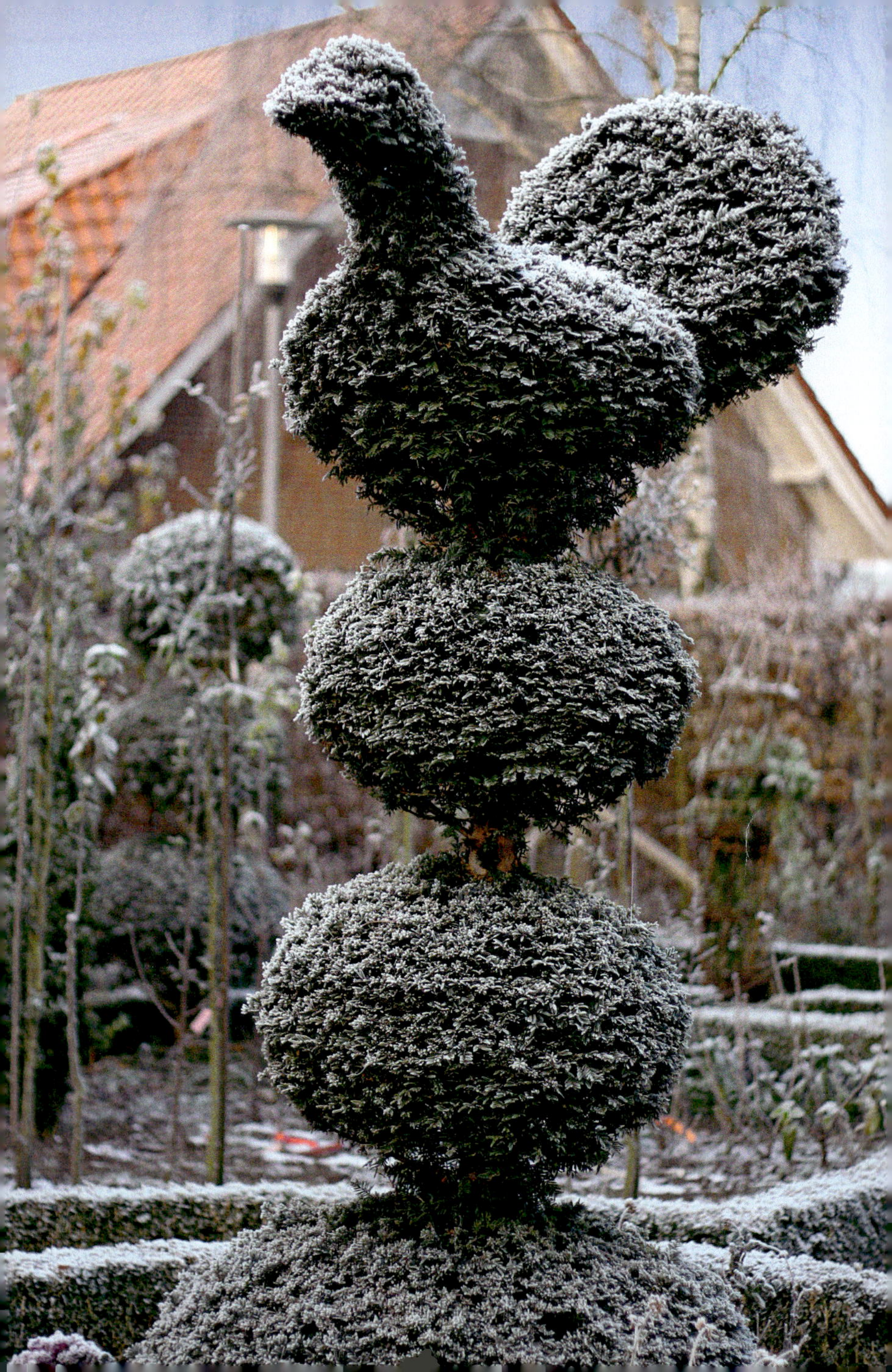

## Besonderheiten

Oft werden Tiere als Vorbilder für Pflanzenskulpturen gewählt. Dabei haben der Pfau und andere Vögel traditionell eine besonders große Bedeutung, aber auch andere Tiere, Fahrzeuge und dekorative Gegenstände werden gern aus Pflanzen geformt.

In Deutschland findet man häufig sehr schöne Skulpturen im Pflanzenhandel, die in Italien aus Delavay-Liguster (*Ligustrum delavayanum*) angezogen wurden. Diese Ligusterart hat die günstige Eigenschaft, dass sie ähnlich schnittverträglich und kleinblättrig wie Buchsbaum ist, aber deutlich schneller wächst. Ihr Nachteil ist jedoch, dass sie frostempfindlicher ist. Im deutschen Klima erleidet sie im Winter normalerweise so starke Schäden, dass Löcher in der Form entstehen. Diese Pflanzenart sollte man daher in einem kühlen Gewächshaus überwintern, geheizte Wohnräume eignen sich dagegen nicht.

## Verwendung

Historische Gärten, moderne formale Gärten, mediterrane Gärten.

## Geeignete Pflanzenarten

Buchsbaum, Eibe, Liguster und viele andere schnittverträgliche Gehölze.

◁ Dieser Vogel wurde mit Hilfe einer Drahtschablone aus einer Eibe geformt.

# Buchstabe, Zahl

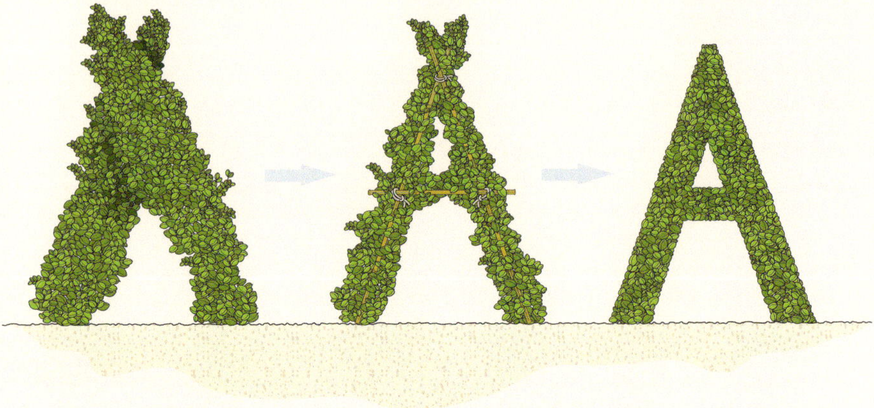

Um ein „A" zu formen, werden zwei schmale Pflanzen schräg aneinander gepflanzt. Aus Seitenzweigen an einem Bambustab erhält man den Querbalken.

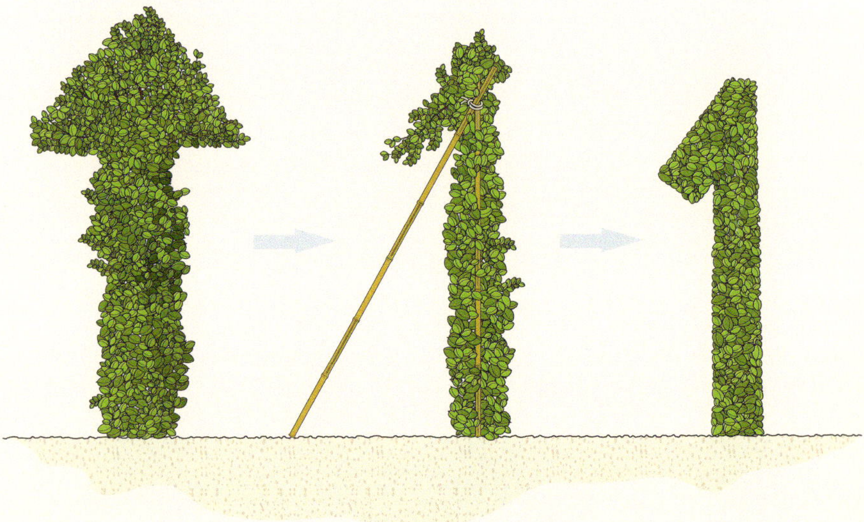

Durch Anbinden der Zweige an zwei Bambusstäbe wird diese „1" geformt.

## Vorgehensweise

Buchstaben und Zahlen werden meist mit Hilfe von Bambusstäben oder einfachen Metallschablonen angezogen. Manche Buchstaben, wie das große I oder das das L, sind relativ einfach zu schneiden. Bei der 1 sollte man wie beim Bogen daran denken, dass die Spitze eines Seitenzweigs aufhört zu wachsen, wenn sie in die Waagerechte oder noch tiefer gebogen wird. Seitenzweige sollten daher erst gebogen werden, wenn sie kurz vor dem Verholzen sind und dann brechen würden; ihre Spitze sollte aber weiter nach oben zeigen, bis der Trieb die nötige Länge erreicht hat. Manche Buchstaben, die an der Basis zwei Ausgangspunkte haben (wie „A“, „H“ und „M“) müssen aus zwei Pflanzen zusammengesetzt werden. Als Alternative können wie bei anderen Skulpturen auch Metallschablonen mit Efeu berankt werden.

## Besonderheiten

Neben Tieren und Fahrzeugen, die als Skulpturen ganz oben auf der Beliebtheitsskala stehen, gewinnen Buchstaben und Zahlen immer mehr an Bedeutung. Als Hausnummern im Vorgarten oder als Firmeninitialen vor dem Firmensitz können sie dekorativ sein und gleichzeitig auch eine Funktion erfüllen. Buchstaben und Zahlen werden aus praktischen Gründen von Baumschulen in der Regel nicht vorrätig gehalten, aber im Auftrag herangezogen.

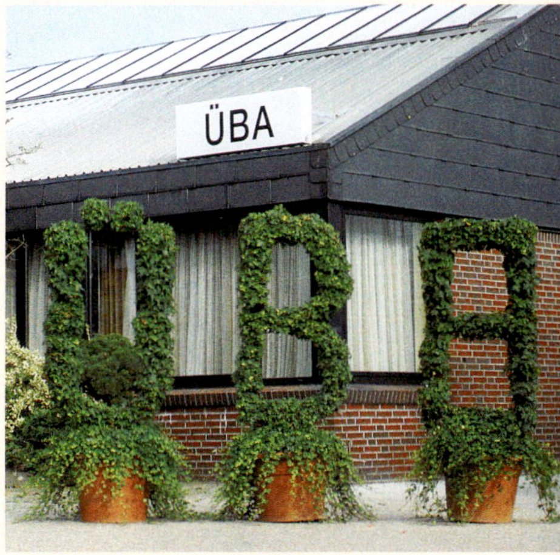


Die Buchstaben Ü, B und A (für „Überbetriebliche Ausbildung“) aus Efeu an festen Metallschablonen in der LVG Bad Zwischenahn.

## Verwendung

Moderne formale Gärten

## Geeignete Pflanzenarten

Buchsbaum, Eibe und viele andere schnittverträgliche Gehölze.

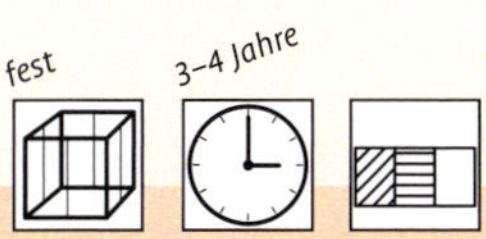

# Geometrische Hecke

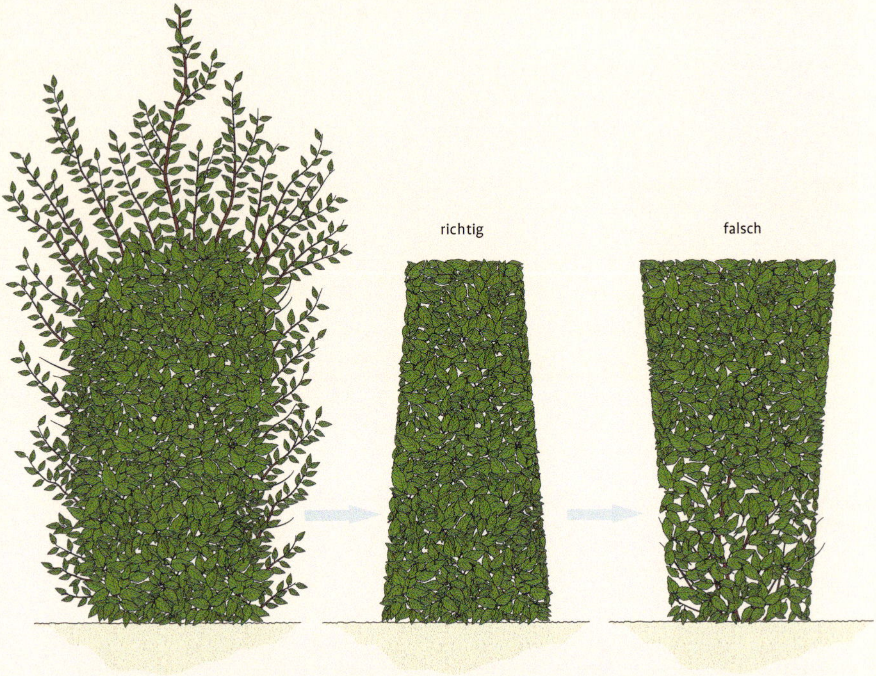


Beim Formschnitt geometrischer Hecken muss man unbedingt darauf achten, dass sie nicht entsprechend dem natürlichen Wachstum kopflastig werden (rechtes Bild).

## Vorgehensweise

Etwas ältere Heckenpflanzen sind schon in der Baumschule durch Schnitt der Seitenzweige relativ dicht verzweigt, bei jüngeren Pflanzen muss der Gärtner dagegen durch Rückschnitt vor der Pflanzung sicherstellen, dass sie später nicht verkahlen. Um gerade Reihen zu erzeugen, werden Heckenpflanzen entlang einer Pflanzschnur gepflanzt. Größere Pflanzen mit einem Mitteltrieb, wie Hainbuchen, werden oft im oberen Bereich an ein Drahtspalier geheftet oder durch waagerechte Bambusstäbe miteinander verbunden, damit die Hecke auch an der Spitze gerade ist.

Am besten werden Hecken leicht trapezförmig geschnitten, sodass sie oben etwas schmaler als unten sind, denn sonst neigen sie im unteren Bereich zum

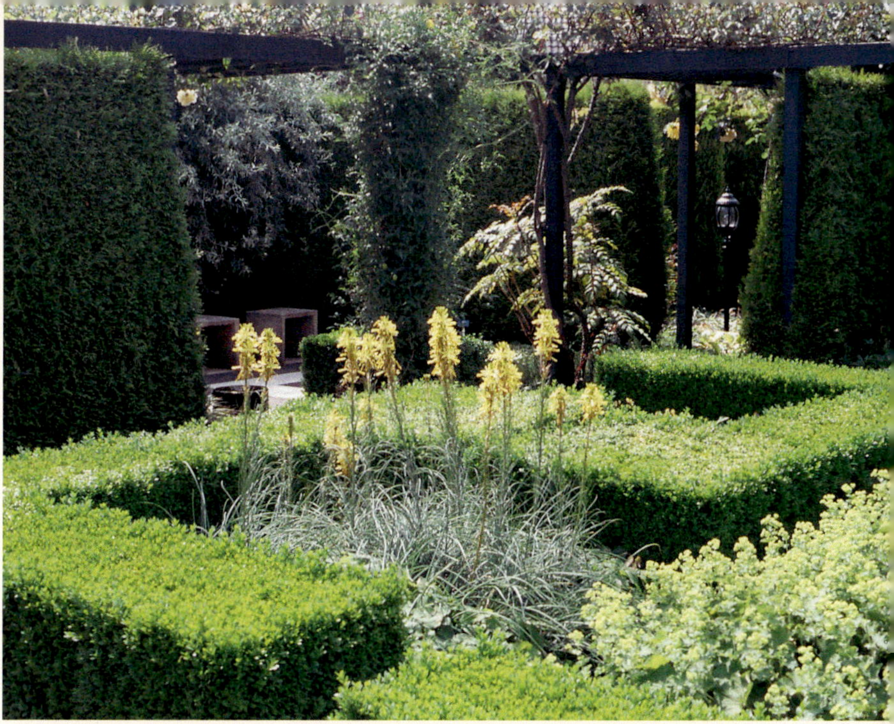

Zwei formschön erzogene, unterschiedlich hohe Hecken, die durch ihre unmittelbare Nachbarschaft doppelt so interessant wirken.

Aufkahlen. Pflanzen, die sehr dicht wachsen, wie Buchsbaum oder Eiben, kann man auch rechteckig, also mit senkrechten Seitenwänden schneiden. Niemals sollten die Pflanzen dagegen oben breiter als unten werden, auch wenn sie entsprechend ihres akrotonischen Wuchsverhaltens an der Spitze stärker austreiben als an der Basis.

Beim Pflegeschnitt kann es hilfreich sein, eine oder zwei Schnüre zu spannen, um die oberen Kanten zu markieren, damit beim Schnitt keine Wellen entstehen. Andererseits kann man auch bewusst wellenförmige Hecken erziehen oder mit Rahmen Fenster in die Hecken schneiden, um die strenge Form großer geometrischer Hecken aufzulockern.

Wer geometrische Hecken aus blühenden Ziersträuchern pflanzt, sollte sich bewusst sein, dass durch den regelmäßigen Schnitt ein großer Teil der Blütenknospen entfernt wird, sodass die Hecke je nach Pflanzengattung, Art und Sorte nicht oder deutlich schwächer blüht als frei wachsende Pflanzen. Einen gewissen Blütenschmuck kann man bei geometrischen Hecken aus Pflanzen wie

2–3 Jahre

Forsythie, Spierstrauch, Kornelkirsche oder Weißdorn erwarten, die allerdings nicht so dicht werden wie Hainbuchen oder Eiben.

## Besonderheiten

Geometrische, regelmäßig geschnittene Hecken werden angezogen, um Schutz vor Wind, Sonne, Sicht und Eindringlingen zu bieten, bilden aber auch einen geeigneten Hintergrund für interessante Pflanzen, Gebäude oder Skulpturen. Hier sollen nur geschnittene, geometrische Hecken thematisiert werden. Die Bezeichnung „Hecke" selbst umfasst natürlich auch dichte Pflanzreihen, die nicht oder nur selten geschnitten werden, aber denselben Zweck erfüllen, zum Beispiel Blütenhecken.

Die Pflanzabstände liegen bei größeren, starkwachsenden Heckenpflanzen bei 30 bis 50 cm, bei schwächer wachsenden Pflanzen um 20 bis 25 cm.

## Verwendung

Labyrinthe, historische Gärten, moderne formale Gärten, Bauerngärten, mediterrane Gärten, Landschaftsgärten.

## Geeignete Pflanzenarten

Hainbuche, Rot-Buche, Liguster, Lebensbaum, Scheinzypresse, Buchsbaum, Eibe und viele andere schnittverträgliche Gehölze.

Hainbuchen lassen sich zu hohen und dabei schmalen Hecken schneiden, wie hier in der Gartenanlage Veitshöchheim eindrucksvoll zu sehen ist.

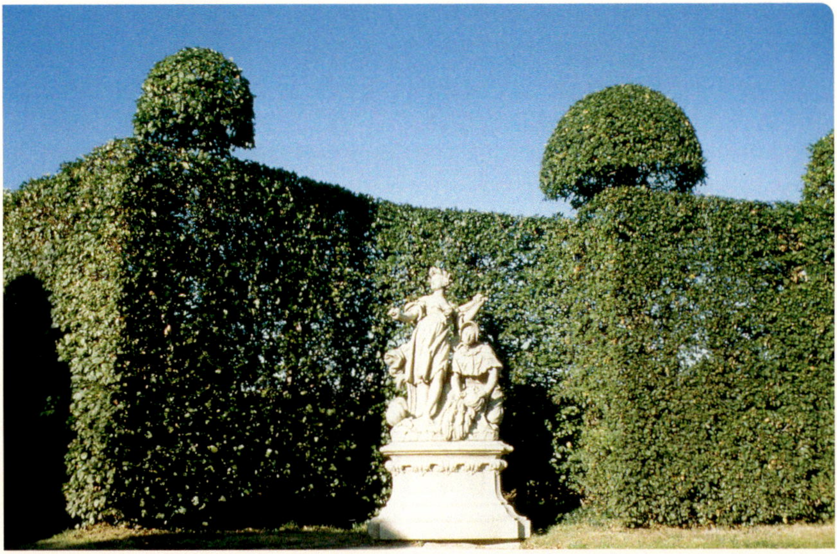

# Parterre

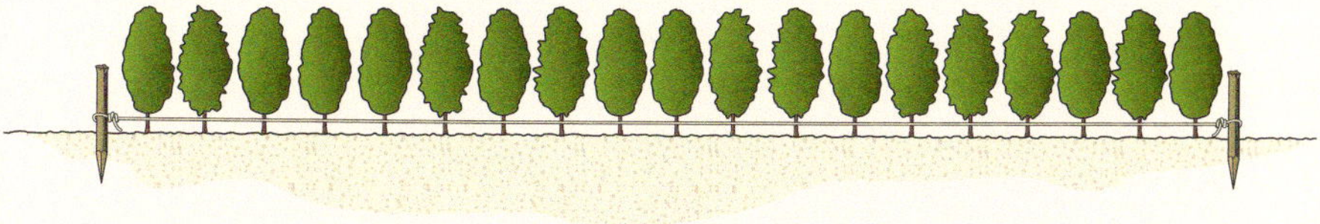

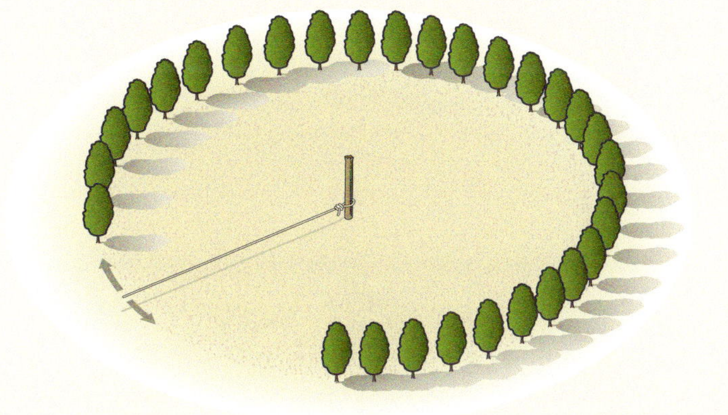

Gerade Reihen werden entlang einer Schnur gepflanzt (oben). Kreise (oder Teile einer Kreisform) kann man besser mit einem Band abmessen (unten).

## Vorgehensweise

Parterres (Teppichbeete) werden meist aus Buchsbaumpflanzen gestaltet, die wie kleine Heckenpflanzen in einem Abstand von 10 bis 20 cm gepflanzt werden. Gerade Reihen pflanzt man entlang einer Schnur, für Kreise und Bögen kann man die Pflanzreihen mit Kalk, hellem Sand oder einem ähnlichen Material auf dem pflanzfertig vorbereiteten Boden „anzeichnen“. Um eine saubere Kreisform oder einen Teil eines Kreisbogens zu erreichen, wird ein Pflock in die Mitte des Kreises geschlagen, und aus einer mit einem Seil daran befestigten Flasche oder einem ähnlichen Behältnis wird der Kalk ausgestreut. Beim Pflegeschnitt muss man darauf achten, dass auch an den Kreisen die Hecke ihre Form und vor allem ihre Breite behält. Das wird nach Augenmaß durchgeführt, während bei

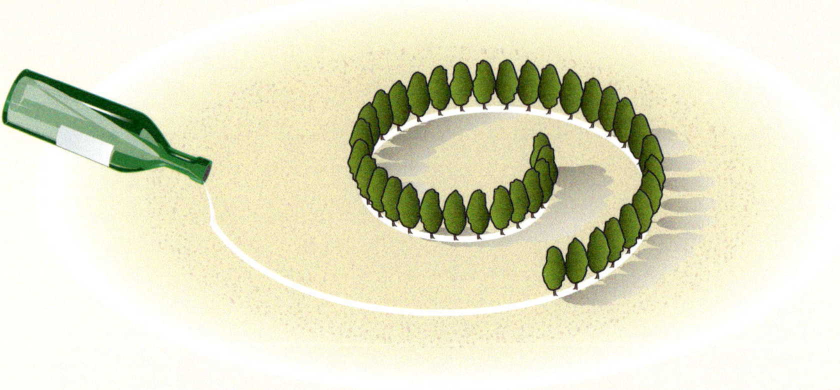

Muster können mit Kalk oder Sand auf der Pflanzfläche angezeichnet werden, den man aus einer Flasche rieseln lässt.

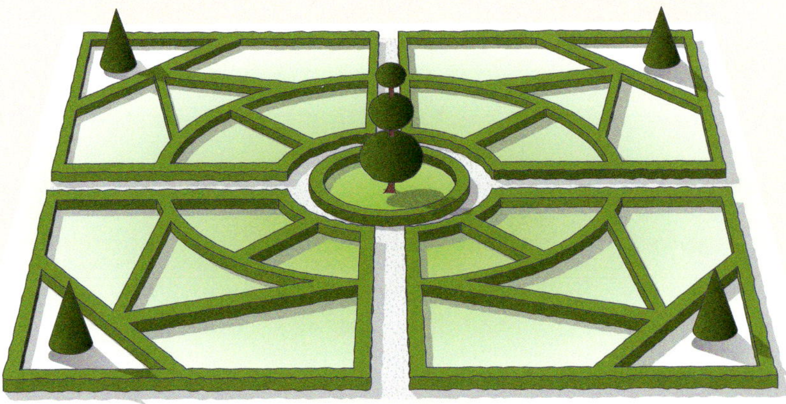

In der Renaissancezeit beherrschten bei den Mustern Rechtecke, Kreise und Dreiecke das Bild der Parterres.

Ein ästhetisches Beispiel eines „Teppichbeetes“ in den Gartenanlagen von Schloss Villandry. ▷

geraden Reihen wie bei Hecken beschrieben jede Seite der Hecke mit einer Schnur markiert werden kann.

Für Parterres werden in der Regel Sorten von Buchsbaum verwendet. Mittelstark wächst die weit verbreitete Varietät *Buxus sempervirens* var. *arborescens*, die für höhere Hecken von etwa 50 cm geeignet ist. Für niedrige Hecken von etwa 20 cm Höhe sollte man kompakt wachsende Sorten wählen.

Der Pflanzabstand liegt zwischen 10 und 20 cm, je nach Wuchsstärke der verwendeten Sorte und Ausgangsgröße der Pflanzen.

## Besonderheiten

Parterres sind niedrige Hecken, die auf einer ebenen Fläche ein Muster bilden. Sie entwickelten sich aus den Einfassungen von Gemüse- und Blumenbeeten, deren rechteckige Form durch Bögen und Zierreihen verschönert wurde. Sie verbreiteten sich im Zeitalter der Renaissance und später des Barocks. In den Gärten an Burgen, Schlössern und Gutshäusern präsentierten sich den Betrachtern aus den Fenstern und Balkonen der oberen Etagen schöne Heckenornamente, deren Zwischenräume mit Blumen, Gemüse in verschiedenen Farben, aber auch unterschiedlich gefärbtem Kies, Ziegelsplitt oder Kohlenstaub gefüllt wurden.

## Verwendung

Historische Gärten, Bauerngärten, mediterrane Gärten.

## Geeignete Pflanzenarten

Buchsbaum, Zwerg-Stechpalme, Zwerg-Lebensbaum und andere schnittverträgliche Gehölze.

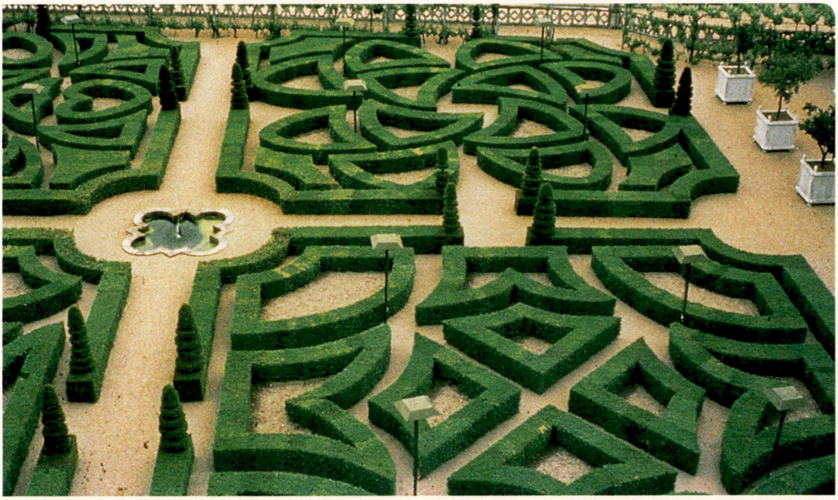

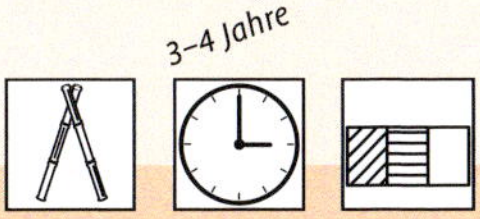

# Broderie-Parterre

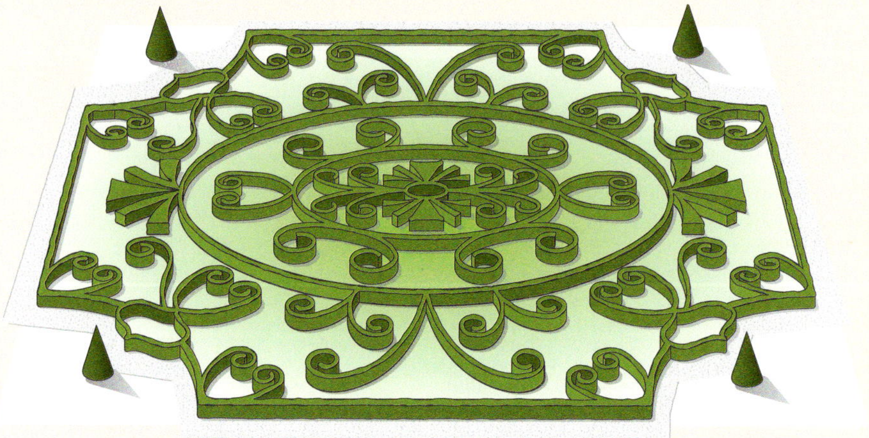

Bei Broderie-Parterres wurden Rankenmuster und andere Ornamente aus der Stickerei als Vorbilder genommen.

## Vorgehensweise

Grundsätzlich werden Broderie-Parterres ähnlich wie einfache Parterres gepflanzt. Die Muster sind aber so kompliziert, dass Pflanzschnur und Pflock wie bei Kreisformen nicht ausreichen. Die Ornamente müssen maßstabsgetreu nach einem Plan auf dem pflanzfertigen Boden vorgezeichnet werden, wofür die Erfahrung von Fachleuten nötig ist.

Für die feinen Muster sind die schwachwachsenden Buchsbaumsorten deutlich besser geeignet als die stärker wachsende Varietät *Buxs sempervirens* var. *arborescens*. Der Pflanzabstand liegt zwischen 10 und 20 cm, je nach Wuchsstärke der verwendeten Sorte und Größe der Pflanzen.

## Besonderheiten

Im Zeitalter des Barock wurden Parterres in Form von Stickmustern (Broderie) angelegt, die reich mit Ranken- und Blütenornamenten verziert waren, die so genannten Broderie-Parterres.

## Verwendung

Historische Gärten

## Geeignete Pflanzenart

Buchsbaum, Zwerg-Stechpalme, Zwerg-Lebensbaum und andere schnittverträgliche Gehölze.

Dieses kunstvoll geschnittene Broderie-Parterre ▷ wirkt allein durch seine Form und die mit Schotter bedeckten Zwischenräume.

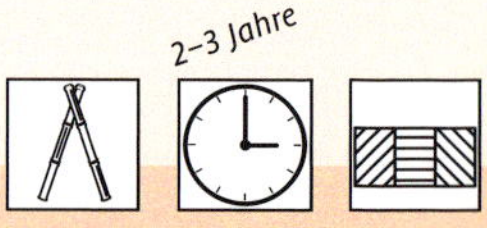

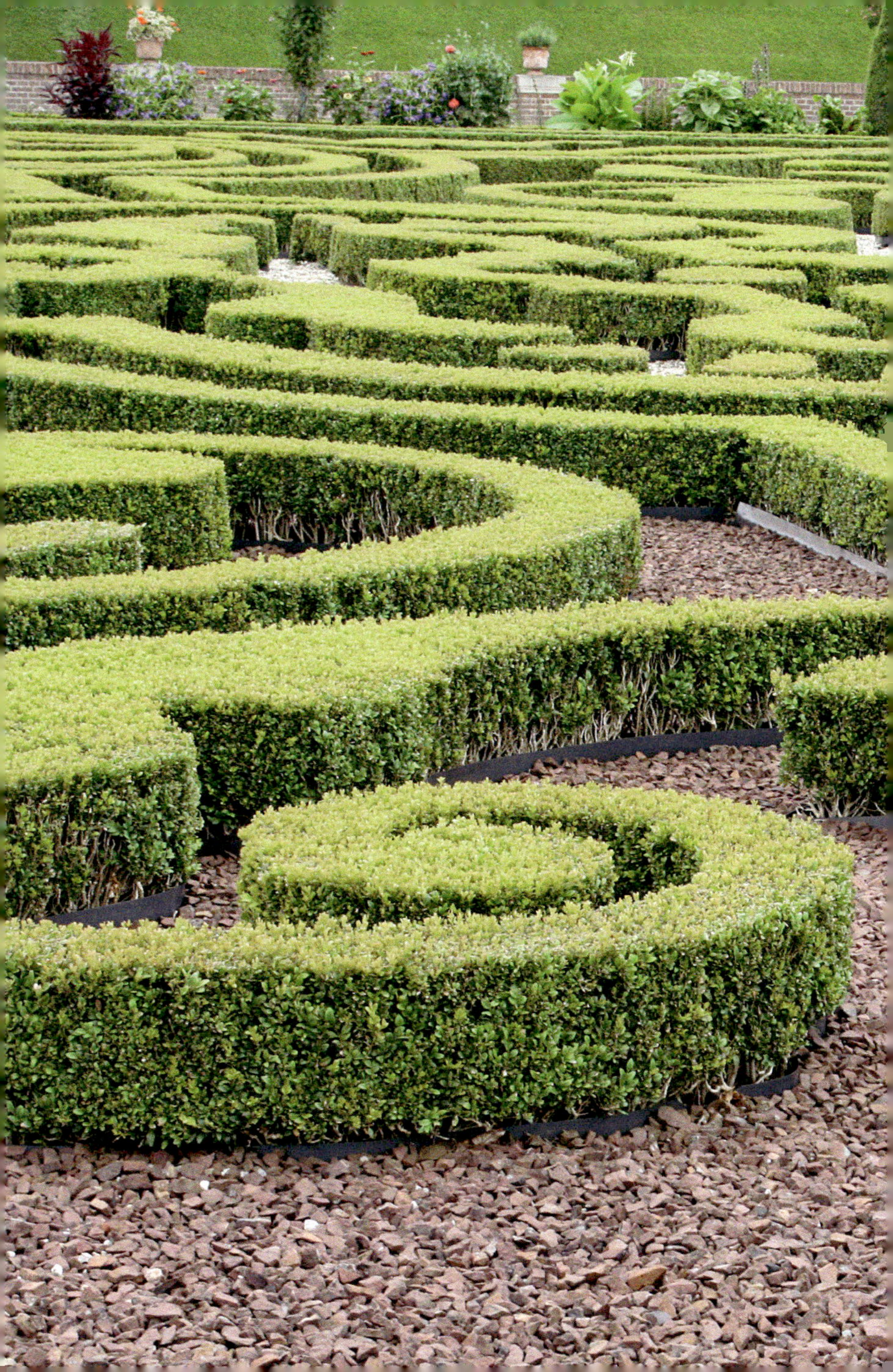

# Knotenbeet

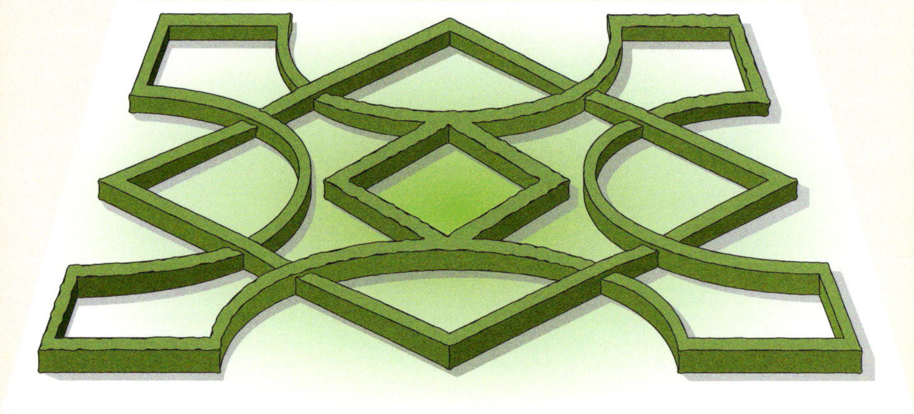

Beim Knotenbeet werden die Hecken so geschnitten, dass der EIndruck von ineinandergeschlungenen Bändern ensteht.

## Vorgehensweise

Die Pflanzung wird ähnlich wie bei Parterres oder Broderie-Parterres nach einem Plan durchgeführt. Für die Ausrichtung gerader Hecken reichen Pflanzschnüre aus, Bögen können mit einer Schnur an einem Pflock abgezirkelt werden. Kompliziertere Muster müssen vom Plan maßstabsgetreu auf den pflanzfertigen Boden übertragen werden. Dafür kann zum Beispiel ein Raster aus Pflanzschnüren dienen, die im rechten Winkel am Boden festgesteckt werden und die einem vergleichbaren Raster auf dem Plan des Broderie-Musters entsprechen.

Damit der Eindruck verschiedener miteinander verknoteter Bänder verstärkt wird, werden in Knotenbeeten die Hecken häufig aus mehreren Pflanzengattungen, -arten oder -sorten mit unterschiedlicher Laubfarbe gepflanzt. Dafür können buntlaubige Buchsbaumsorten gewählt werden, häufig wird aber auch auf Lavendel oder andere, ganz oder teilweise verholzende Pflanzen zurückgegriffen. Da sich diese Pflanzenarten nicht für so schmale Hecken eignen wie kompakt wachsende Buchsbaum-Sorten, müssen je nach verwendeter Pflanzart die Hecken unter Umständen etwas breiter wachsen. Manchmal ist ihr Querschnitt nicht rechteckig, sondern etwas abgerundet. Der Pflanzabstand liegt zwischen 10 und 20 cm – je nach Wuchsstärke der verwendeten Sorte und Größe der Pflanzen.

Knotengärten wie diese Anlage in Barnsley House/GB faszinieren durch ihre lebendige Struktur. ▷

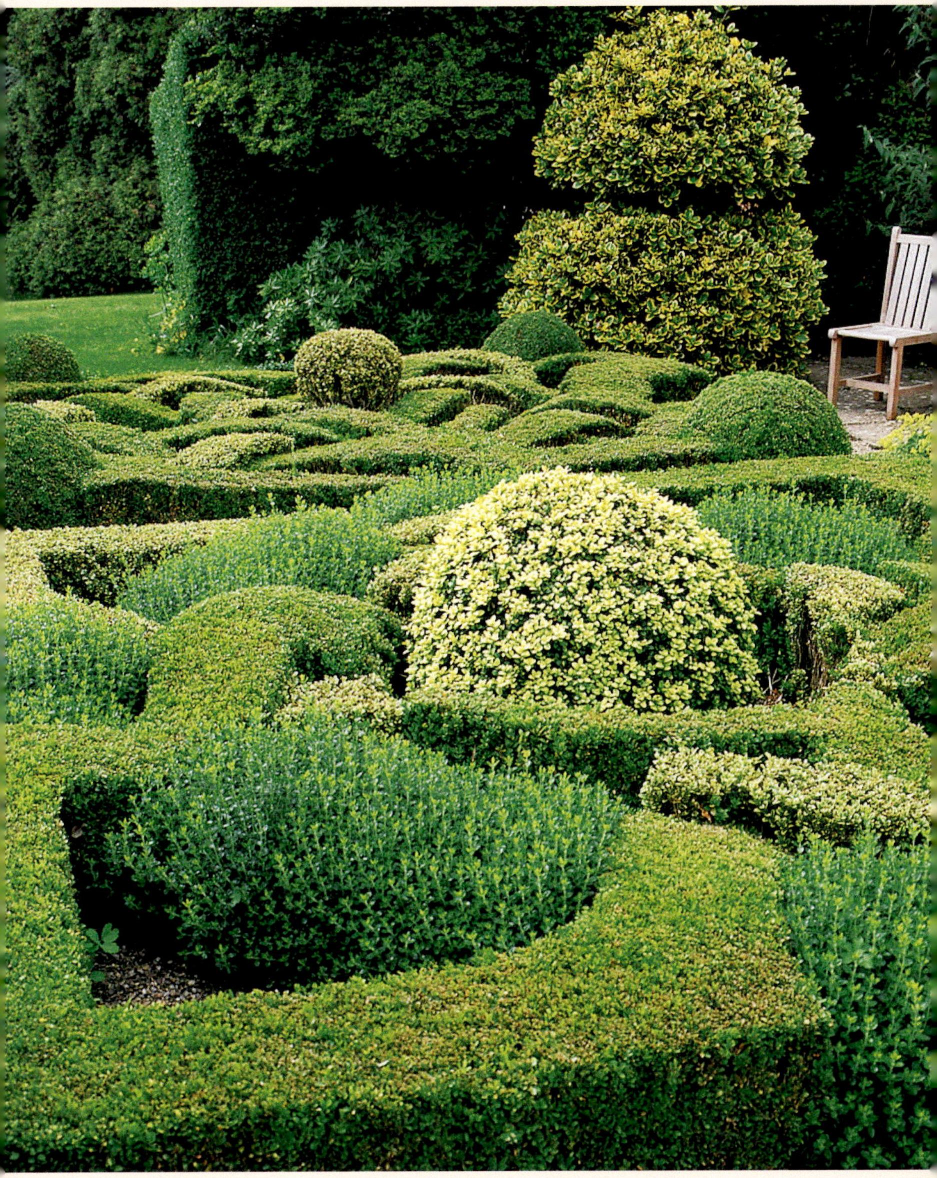

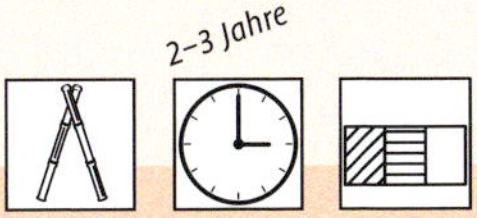
2–3 Jahre

## Besonderheiten

Knotenbeete sind eine Sonderform der Parterres, die in England entstanden ist („Tudor-Knotengarten"). Während in Parterres die Hecken eine gleichmäßige Höhe haben, also ein zweidimensionales Bild ergeben, werden in Knotenbeeten die Höhen der Hecken so variiert, dass durch die Dreidimensionalität der Eindruck von Bändern erweckt wird, die über- und untereinander durchgeführt werden, sodass Knoten entstehen. Häufig wurden auch geeignete Küchenkräuter und Gewürzpflanzen wie Lavendel und Thymian in Form von Knotenbeeten gepflanzt.

## Verwendung

Historische Gärten, moderne formale Gärten, Bauerngärten, mediterrane Gärten.

## Geeignete Pflanzenarten

Buchsbaum, Lavendel (*Lavandula angustifolia*), Salbei (*Salvia officinalis*), Edel-Gamander (*Teucrium chamaedrys*), Heiligenkraut (*Santolina chamaecyparissus*) und viele andere schnittverträgliche Gehölze und Halbsträucher.

Diese wellenförmig geschnittene Anlage aus Buchsbaum ist im Arboretum in Ellerhoop-Thiensen zu bewundern. ▷

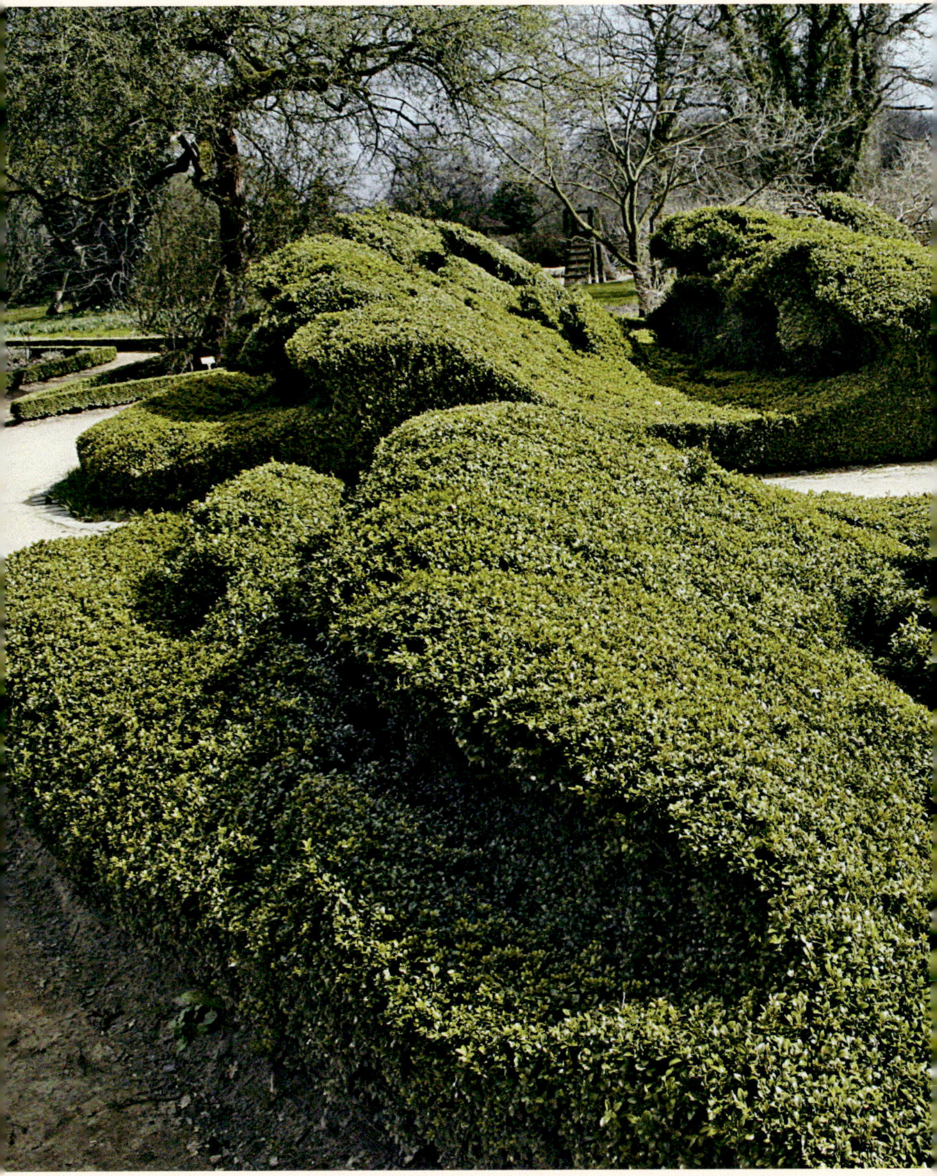

# Für den Formschnitt geeignete Pflanzenarten und -sorten

| Botanischer Name | Deutscher Name |
|---|---|
| *Acer campestre* | Feld-Ahorn |
| *Berberis buxifolia* 'Nana' | Immergrüne Berberitze |
| *Berberis thunbergii* 'Atropurpurea' und ähnliche | Berberitze |
| *Buxus microphylla* 'Herrenhausen' und 'Faulkner' | Buchsbaum |
| *Buxus sempervirens* 'Blauer Heinz' und 'Suffruticosa' | Hecken-Buchsbaum |
| *Buxus sempervirens* var. *arborescens* | Buchsbaum |
| *Carpinus betulus* | Hainbuche |
| *Chamaecyparis lawsoniana* 'Columnaris', 'Kelleris Gold' und andere Sorten | Lawsons Scheinzypresse |
| *Chamaecyparis obtusa* | Hinoki-Scheinzypresse |
| *Crataegus monogyna, C. laevigata* | Weißdorn |
| × *Cupressocyparis leylandii* | Leyland-Zypresse, Bastard-Zypresse |
| *Cupressus*-Arten | Zypressen-Arten |
| *Euonymus fortunei* 'Emerald Gaiety' und ähnliche Sorten | Kriechspindel |
| *Fagus sylvatica* | Rot-Buche |
| *Hedera helix* | Efeu |
| *Ilex aquifolium* 'Heckenzwerg', I. × *meserveae* 'Little Rascal' | Zwerg-Stechpalme |
| *Ilex aquifolium* 'J. C. van Tol' und andere Sorten | Stechpalme, Hülse |
| *Ilex crenata* 'Convexa', 'Glorie Gem', 'Stokes' | Japanische Stechpalme |

| Verwendungsschwerpunkt | Bemerkungen |
|---|---|
| Hecken, große Formen | laubabwerfend |
| niedrige Hecken, kleine Kugeln, Flächen | immergrün, frostempfindlich, Dornen |
| niedrige Hecken, kleine Kugeln, Flächen | laubabwerfend, frosthart, Dornen |
| Einfassungen ('Herrenhausen'), Hecken, Flächen, kleine Kugeln | sehr widerstandsfähig gegen Blattfall (*Cylindrocladium*), beide Sorten wachsen breit und neigen in der Sonne zum Verbräunen |
| Parterre-Hecken, Einfassungen, kleine Kugeln | sehr kompakt und dicht, immergrün, extrem empfindlich gegen Blattfall (*Cylindrocladium*) |
| Hecken, kleinere und mittlere Formen | besonders schnittverträglich, immergrün, nur mäßig empfindlich gegen Buchsbaumblattfall (*Cylindrochladium*) |
| Hecken, größere Formen | laubabwerfend |
| Hecken, geometrische Formen, Pompon-Formen | nicht so schnittverträglich wie Lebensbaum oder Wacholder, empfindlich gegen Wurzelhalsfäule, immergrün |
| Bonsai-Formen | oft in Japan verwendet, immergrün |
| Hecken, größere Formen | weiße Blüte, laubabwerfend |
| Hecken, geometrische Formen, Pompon-Formen | schnellwüchsig, etwas frostempfindlich, immergrün |
| Kugeln, Spiralen | starkwüchsig und schnittverträglich, aber sehr frostempfindlich, daher geschützte Überwinterung nötig, immergrün |
| niedrige Hecken, Flächen | immergrün, breit wachsend, frostempfindlich |
| Hecken, große Formen | laubabwerfend |
| Schablonen-Formen | Berankung von Schablonen, immergrün |
| niedrige Hecken, Einfassungen, kleine Kugeln etc. | immergrün, kleines Blatt, sehr frosthart |
| größere Formen | immergrün |
| kleinere und mittlere Formen und Hecken | ähnelt Buchsbaum, wächst aber stärker, ist allerdings nicht ganz so schnittverträglich und anspruchsvoller an den Standort, immergrün |

| Botanischer Name | Deutscher Name |
|---|---|
| *Ilex crenata* 'Dark Green', 'Blondie' | Japanische Stechpalme |
| *Ilex × meserveae* 'Blue Princess', 'Heckenpracht' und andere Sorten | Stechpalme |
| *Juniperus*-Arten | Wacholder-Arten |
| *Lavandula angustifolia* | Lavendel |
| *Ligustrum delavayanum* | Delavay-Liguster |
| *Ligustrum vulgare* 'Atrovirens' | Liguster |
| *Ligustrum ovalifolium* | Wintergrüner Liguster |
| *Lonicera nitida* 'Maigrün' und ähnliche Sorten | Zwerg-Heckenkirsche |
| *Pinus*-Arten (kompakte Sorten) | Kiefern-Arten |
| *Platanus hispanica* | Ahornblättrige Platane |
| *Podocarpus*-Arten | Steineibe |
| *Prunus laurocerasus* 'Otto Luyken', 'Etna' und andere Sorten | Lorbeer-Kirsche, Kirschlorbeer |
| *Rhododendron obtusum*-Sorten | Japanische Azaleen |
| *Santolina chamaecyparissus* | Heiligenkraut |
| *Salvia officinalis*-Sorten | Salbei |
| *Taxus baccata* | Eibe |
| *Taxus baccata* 'Repandens', 'Renke's Kleiner Grüner' und ähnliche | Zwerg-Eiben |
| *Taxus cuspidata* | Japanische Eibe |
| *Teucrium × lucydris* | Gamander |
| *Thuja occidentalis* | Lebensbaum |
| *Thuja occidentalis* 'Mecki', 'Tiny Tim', 'Danica' | Zwerg-Lebensbaum |
| *Tilia cordata, T. × intermedia* | Linde |

| Verwendungsschwerpunkt | Bemerkungen |
|---|---|
| mittlere und größere Formen, Bonsai-Formen und Hecken | ähnelt Buchsbaum, wächst aber stärker, ist allerdings nicht ganz so schnittverträglich und anspruchsvoller an den Standort, immergrün |
| Hecken, größere Formen | dichter als *I. aquifolium*-Sorten, immergrün |
| Pompon-Formen, Spiralen | sehr frosthart, immergrün |
| niedrige Hecken, Einfassungen, Flächen | immergrün, Duft |
| Skulpturen | sehr schnittverträglich und starkwüchsig, aber sehr frostempfindlich, daher geschützte Überwinterung nötig, immergrün |
| Hecken, größere Formen | wintergrün |
| Hecken, größere Formen | wintergrün |
| niedrige Hecken, Flächen | immergrün, frostempfindlich |
| Bonsai-Formen und Halbkugeln | meist Sorten von *P. sylvestris, Pinus nigra, P. mugo, P. contorta* und *P. parviflora,* immergrün |
| Dach-Formen | laubabwerfend |
| niedrige Hecken, Flächen | immergrün, frostempfindlich |
| größere Formen, Hecken | je nach Sorte meist frostempfindlich, immergrün |
| Halbkugeln, kompakte Hecken | saurer, humoser gleichmäßig feuchter Boden, Halbschatten |
| Einfassungen, Flächen | immergrün, Duft |
| Einfassungen, Flächen | immergrün, Duft |
| mittlere und größere Formen | besonders schnittverträglich, immergrün |
| niedrige Hecken, Flächen, kleine Kugeln | immergrün, sehr schnittverträglich und frosthart |
| Bonsai-Formen | besonders frosthart, immergrün |
| Einfassungen, Flächen | immergrün, kompakt |
| Hecken, Spiralen | sehr frosthart, immergrün |
| Einfassungen, niedrige Hecken, kleine Kugeln | immergrün, sehr frosthart, braucht Sonne |
| Spalierbäume, Kastenbäume | laubabwerfend |

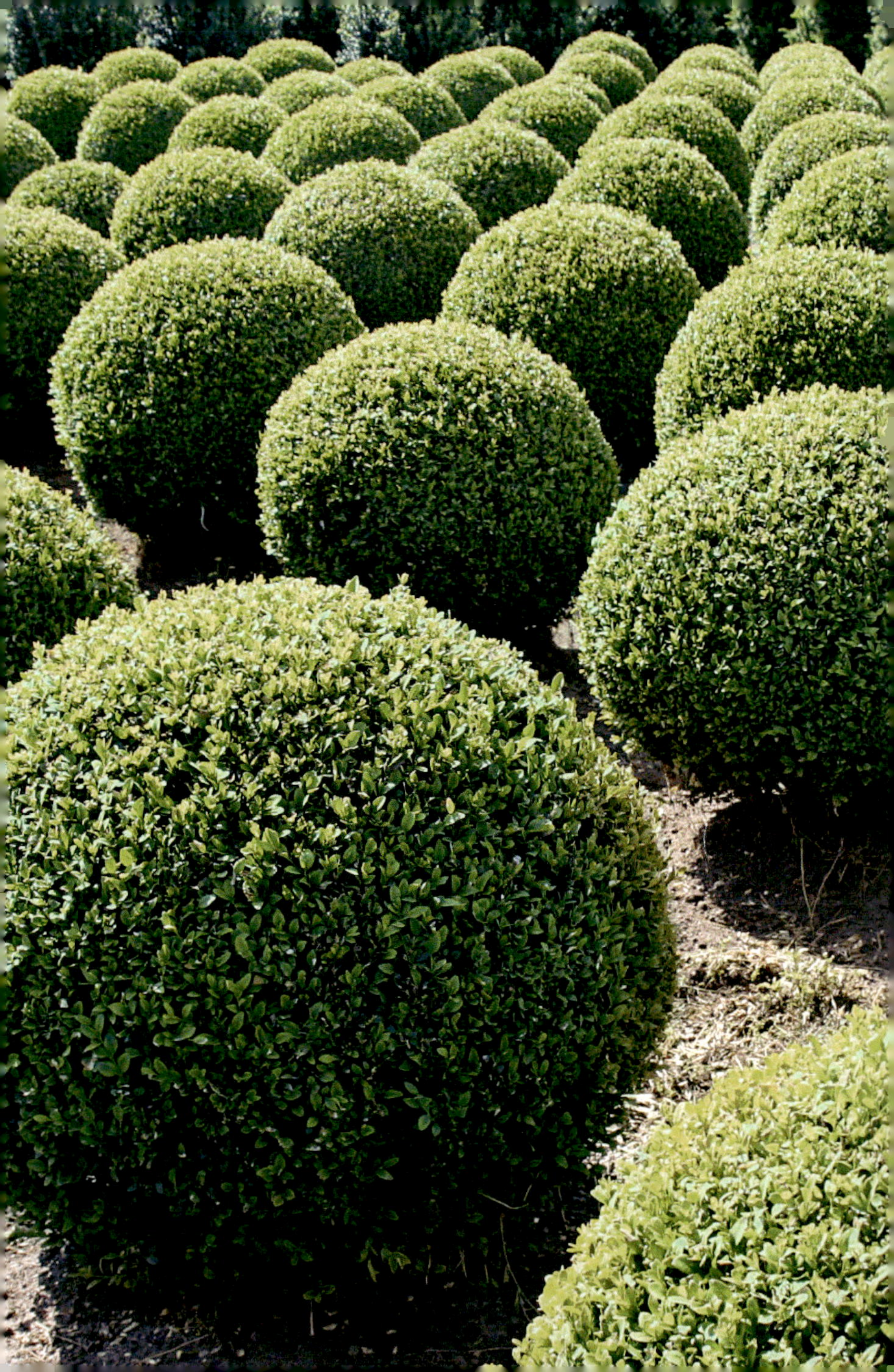

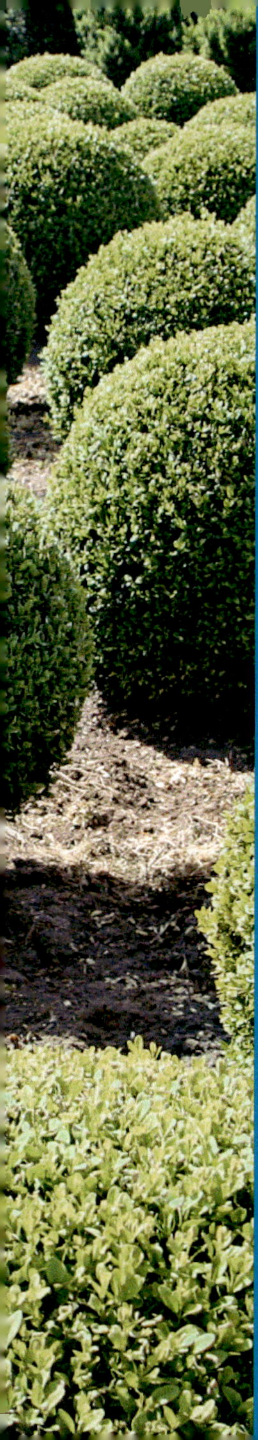

# Pflege

Nicht nur der regelmäßige Schnitt, sondern auch die richtige Pflege sind für das attraktive Aussehen von Formgehölzen wichtig. Die nötigen Pflegemaßnahmen werden im folgenden Kapitel erklärt.

## Formgehölze düngen

Formgehölze verlieren mehr Nährstoffe als andere Pflanzen, da regelmäßig junge, nährstoffreiche Triebe abgeschnitten werden und nicht unter den Pflanzen verrotten. Außerdem kann sich durch den Schnitt das Wurzelsystem nicht so weit ausbreiten wie bei ungeschnittenen Exemplaren derselben Art, da weniger energiereiche Assimilate gebildet und den Wurzeln zugeführt werden. Dadurch kann das Wurzelsystem nur begrenzt die Nährstoffeservoirs im Boden erreichen und für die Pflanze verfügbar machen. Viele der Hauptnährstoffe (Stickstoff, Kalium) sind in der Pflanze sehr beweglich und werden bei Mangel aus den tiefer sitzenden Trieben in die höheren transportiert, was zum Absterben der schlecht ernährten, unteren Trieben führen kann. Bei ungeschnittenen Pflanzen fällt das meist nicht auf – Formgehölze werden aber unansehnlich, wenn sich im unteren Bereich kahle Stellen bilden. Daher ist bei Formgehölzen eine gleichmäßige, ausreichende Ernährung besonders wichtig. Das muss aber nicht heißen, dass eine hohe Mineraldüngung nötig ist. Auf schweren, nährstoffreichen Böden kann man auch durch regelmäßige Kompostgaben die Ernährung sicherstellen. Problematisch sind dagegen oft mittlere bis leichte, durchlässige Böden. Hier werden vor allem Stickstoff und Kalium leicht durch Regenfälle ausgewaschen, sodass Nährstoffmangel droht. Daher sind auf solchen Standorten regelmäßige Gaben kleinerer Düngermengen sinnvoll, die man am besten in Form von organischen Düngern verabreicht. Deren Nährstoffe setzen sich nur langsam frei und sind deshalb nicht so auswaschungsgefährdet. Ein Nachteil organischer Dünger ist jedoch, dass die Freisetzung nicht immer pflanzenbedarfsgerecht erfolgt.

Insgesamt benötigen Formgehölze aus Buchsbaum oder Eiben auf leichten Böden als Faustzahl etwa 30 bis 40 g Volldünger mit Nährstoffgehalten von etwa 15 % Stickstoff, 5 % Phosphat und 20 % Kalium (NPK-Verhältnis: 15:5:20) pro Jahr und Quadratmeter. Bei niedrigeren Nährstoffgehalten, wie sie z. B. in vielen organischen Düngern vorliegen, kann die Dosierung entsprechend erhöht werden.

Auf schweren, nährstoffreichen Böden und bei anspruchsloseren Pflanzenarten (z. B. Kiefern) kann man die Düngermenge häufig reduzieren oder in manchen Fällen ganz weglassen. Mineralische, schnell lösliche Dünger können Verbrennungen verursachen, wenn sie beim Aufstreuen auf den Blättern oder Zweigen liegen bleiben. Wenn notwendig, sollten die Mineraldünger daher nach dem Ausstreuen von den Pflanzen abgefegt werden.

Die wichtigsten Formgehölze Buchsbaum und Eibe sind kalkliebend, daher sollte man Böden, deren pH-Wert unter 4,5 (Sandböden) oder 5,0 (Lehmböden) liegt, aufkalken: Sandböden am besten mit kohlensaurem Kalk (zum Beispiel Dolomitkalk) und Lehmböden am besten mit Branntkalk.

Nadelgehölze und immergrüne Pflanzen benötigen verhältnismäßig viel Magnesium und können auf Mangel mit gelben Nadelspitzen oder gelblichen Blatträndern reagieren. Gegen Magnesiummangel helfen Bittersalzgaben (30 bis 50 g pro $m^2$). Staunässe und andere Ursachen können aber ähnliche Schadbilder hervorrufen, sodass mit Bittersalz nur dann gedüngt werden sollte, wenn sicher ist, dass Magnesiummangel vorliegt.

Eine gute Grundlage für die Pflanzenernährung bildet die regelmäßige Düngung mit Kompost. Eigener Gartenkompost kann jährlich mit etwa 5 l pro m² ausgebracht werden. Grün- und Biokompost aus Kompostierungsanlagen ist in der Regel wesentlich nährstoffreicher und sollte daher in geringeren Mengen (2 bis 3 l pro m²) verabreicht werden.

## Pflanzgefäße

Viele Formgehölze werden nicht ausgepflanzt, sondern stehen in Töpfen oder Kübeln. Dabei sollte man beachten, dass alle Pflanzen, die natürlichen Niederschlägen ausgesetzt sind, unbedingt ausreichende Wasser-Abzugslöcher im Pflanzgefäß haben müssen. Übertöpfe oder zweckentfremdete Gefäße haben häufig keine Abzugslöcher, und wenn eine Pflanze in so einem Gefäß Niederschlägen oder überhöhten Wassergaben ausgesetzt ist, sterben die Wurzeln schnell wegen Sauerstoffmangels ab, was zum Tod der ganzen Pflanze führt.

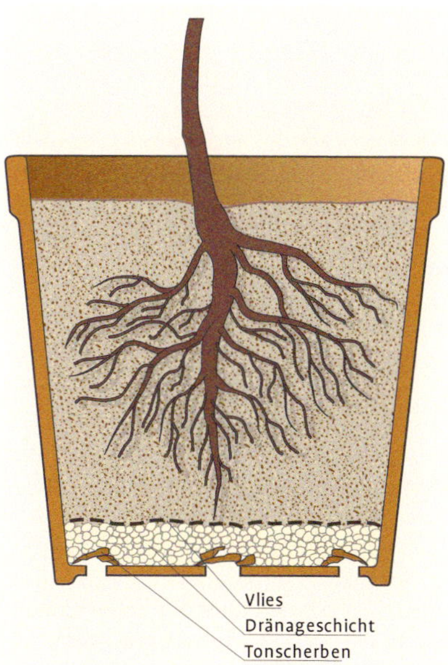


Um Substratvernässung zu vermeiden, sollte man am Topfboden eine Dränageschicht vorsehen.

Wasserabzuglöcher können durch Pflanzerde verstopft werden, daher ist es sinnvoll, zwischen Topfboden und Substrat eine Dränageschicht anzulegen. Große Löcher, wie sie in Ton- oder Terrakotta-Töpfen zu finden sind, sollte man durch gekrümmte Tonscherben etwas abdecken. Darüber leistet eine etwa 1 bis 2 cm dicke Schicht aus Kies, Blähton, Tonscherben oder anderem lockerem Material gute Dienste. Wenn sie durch eine Abdeckung mit Vlies vom darüber liegenden Substrat getrennt wird, kann sie nicht verstopft werden.

Die Töpfe oder Kübel selbst bestehen aus verschiedenen Materialien, die alle ihre Vor- und Nachteile haben. Am preiswertesten und robustesten sind Töpfe aus Kunststoff, die zum Teil wie Terrakotta-Töpfe aussehen. Sie sind leicht, dabei bruchsicher und stoßfest.

Ton- und Terrakotta-Töpfe sind schwer, dadurch aber standsicher, können allerdings brechen oder reißen. Besonders Tontöpfe sowie bei nur geringer Hitze gebrannte Terrakotta-Töpfe brechen im Winter, wenn das Wasser im Substrat und in feinen Rissen der Topfwand gefriert und sich dabei ausdehnt.

In den letzten Jahren sind rechteckige Holzkübel in Mode gekommen. Meist wird dafür Lärchenholz verwendet, das nur sehr langsam morsch wird, und nach wenigen Wochen der Alterung eine silbergraue Farbe hat. Durch die feinen Poren von Holz und von Ton verdunstet Wasser. Daher müssen Pflanzen in Gefäßen aus diesen Materialien häufiger gegossen werden. Wenn man Holzgefäße vor dem Bepflanzen innen mit Folie auskleidet (Wasserabzuglöcher nicht vergessen!), brauchen sie seltener gegossen zu werden, und ihre Lebensdauer verlängert sich.

## Substrat

Für Formgehölze in Kübeln und Töpfen sind dieselben Substrate („Pflanzerden“) geeignet wie für andere Pflanzen. Sie bestehen in der Regel zum überwiegenden Teil aus Torf, der durch seine gute Wasserspeicherfähigkeit eine hohe Feuchtigkeitsreserve bietet. Beimischungen von Ton, Rindenhumus oder Substratkompost optimieren die Speicherkraft für Wasser und Nährstoffe, und Strukturmaterial (grober Rindenhumus, Lava) kann den Lufthaushalt der Erden verbessern. Pflanzerden, die industriell gemischt und über den Fachhandel bezogen werden, haben in der Regel eine gute Qualität und bieten die Voraussetzung für gesundes Pflanzenwachstum. Erfahrene Gartenliebhaber haben häufig auch guten Erfolg mit selbstgemischten Erden nach eigener Rezeptur. Dafür werden oft selbst hergestellte Laub- oder Nadelkomposte sowie Gartenerde verwendet. Wenn nach denselben Rezepturen an anderer Stelle Erden gemischt werden, können diese Erden aber leicht zu Misserfolgen führen, weil die Qualität solcher Komposte und Gartenerden ebenso stark schwankt wie die zugemischter, gekaufter Torfe. Falsche pH-Werte, unausgeglichene Nährstoffversorgung und schlechte Struktur können Probleme bereiten.

In Gefäßen ist eine kontinuierliche Nährstoffzufuhr noch wichtiger als bei Pflanzen, die in den Boden ausgepflanzt sind. Sie kann durch das Einmischen oder Auflegen umhüllter Depotdünger (Osmocote, Ferticote und andere) gewährleistet werden. Bei Topfterminen Ende April und Anfang Mai sind pro Liter Topfvolumen etwa 3 g eines Düngers mit fünf bis sechs Monaten Freisetzungsdauer („5–6 M“, „6 M“) für eine Grundversorgung ausreichend. Stattdessen können die Pflanzen auch flüssig mit Nährsalzgaben von 1 bis 2 g pro Liter Gießwasser ein- bis zweimal pro Woche ernährt werden. Zur Hauptwachstumszeit von Juni bis Mitte August sollte die höhere Dosierung gewählt werden, im April/Mai und Spätsommer die niedrigere. Von Oktober bis März sollte man die Pflanzen wegen der Vegetationsruhe nicht düngen.

## Winterschutz

In sehr rauen Wintern können Formgehölze aus Buchsbaum oder Eibe Frostschäden erleiden, auch wenn diese Pflanzengattungen an den meisten Standorten Deutschlands eigentlich sehr frosthart sind. Frostschäden entstehen normalerweise nicht durch die niedrigen Temperaturen selbst, sondern durch Austrocknen des immergrünen Laubes und der jungen Triebe, wenn bei Frost und Sonneneinstrahlung kalte, trockene Ostwinde wehen (Frosttrocknis). Daher besteht der Winterschutz ausgepflanzter Formgehölze meist aus einer Schattierung. Grüne Kunststoffnetze eignen sich sehr gut dazu.

Bei Pflanzen in Töpfen oder Kübeln ist außer den jungen Trieben und dem Laub auch die Wurzel frostgefährdet, denn Wurzeln von manchen Pflanzen (besonders Eiben, Stechpalmen) sterben schon bei Temperaturen unterhalb von etwa

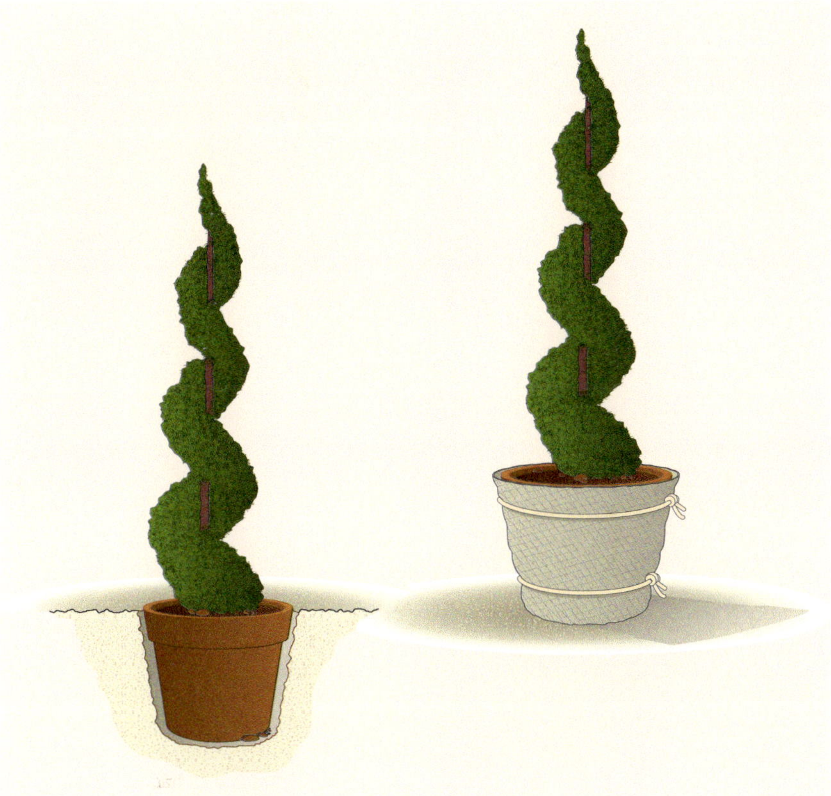

Der beste Winterschutz für die Pflanzenwurzeln ist, den Topf einzusenken (links). Wenn das nicht möglich ist, kann er auch mit Vlies oder Ähnlichem umwickelt werden (rechts).

−5 bis −8 °C ab. Im gefrorenen Boden werden solche tiefen Temperaturen in unserem Klimabereichen normalerweise nicht erreicht, aber in einem exponierten Topf kann die Kälte von der Seite eindringen. Besonders in kleineren Töpfen sinken die Temperaturen an den Außenwänden ähnlich stark ab wie die Lufttemperatur. Der wirksamste Schutz der Wurzeln besteht darin, die Gehölze im Kübel im Boden einzuschlagen. Sie werden dafür mit dem Topf wie bei einer Pflanzung in ein Loch im Boden eingesenkt und mit etwas lockerer Erde oder besser noch mit einer Laubschicht angehäufelt. Am günstigsten ist ein schattiger, windgeschützter Platz im Garten, an dem auch Triebe und Belaubung vor Frosttrocknis geschützt sind. Wenn ein Einschlagen im Boden nicht möglich ist, kann man den Wurzelbereich auch dadurch schützen, dass man ihn dicht mit einem isolierenden Material (Vlies, Kokosmatten, Noppenfolie) einwickelt. Man kann den Topf auch in einen

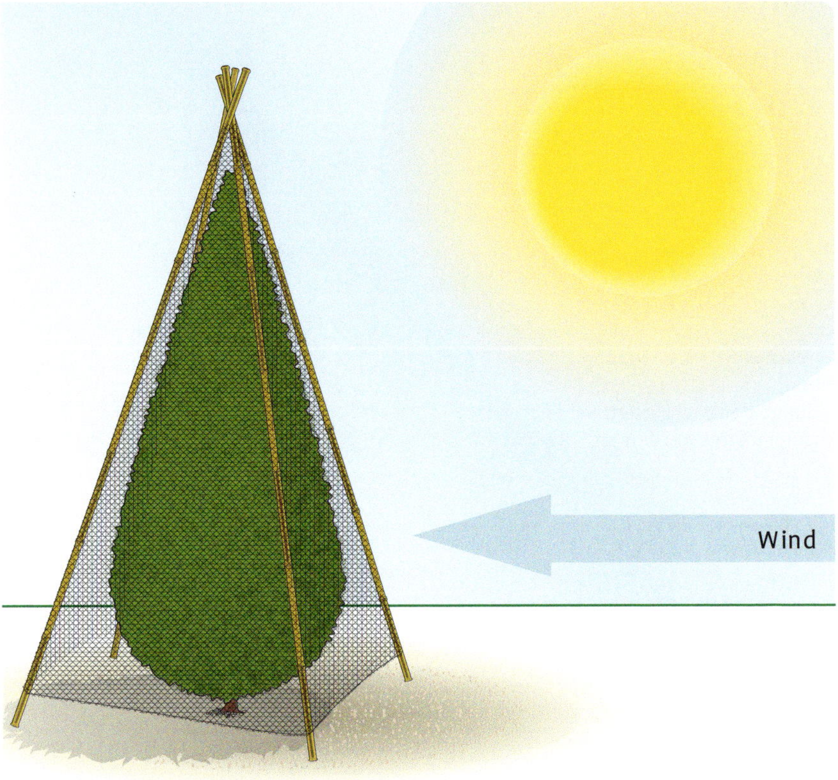


Die Zweige empfindlicher Pflanzen schützt man im Winter mit Schattiernetzen gegen Sonne und Wind.

größeren Kübel (mit Wasserabzugslöchern!) stellen und füllt dann den freibleibenden Raum mit einer dicken Schicht aus Laub, Sägemehl oder anderem isolierendem Material.

Ein weiteres Problem im Winter bildet Schneefall. Während eine hohe Schneedecke für Pflanzen am Boden erwünscht ist, da sie diese vor Kälte und Austrocknung schützt, kann sie durch ihr Gewicht Formgehölze beschädigen. Besonders bei nasser Schneedecke geben die darunter liegenden Zweigpartien langsam nach, und es entstehen Lücken in den Flächen. Wenn der Schnee später taut, biegen sich die Triebe oft nicht ganz in ihre Ausgangsstellung zurück, und die Verformung ist dann dauerhaft. Daher sollten Schneehauben von Formgehölzen abgefegt werden, auch wenn sie hübsch aussehen.

# Pflanzenschutz

Wie alle anderen Pflanzen auch, können Formgehölze unter Schädlingen und Krankheiten leiden. Bei standortgerechter Pflanzenauswahl, richtiger Pflege und bedarfsgerechter Ernährung treten meist keine großen Probleme auf, und daher sind am Endstandort der Pflanzen nur in Ausnahmefällen Pflanzenschutzmaßnahmen notwendig. Im Zweifelsfall können die zuständigen Pflanzenschutzämter Empfehlungen über den Einsatz zugelassener Pflanzenschutzmittel geben.

Einige der wichtigsten Schäden an Formgehölzen werden im Folgenden vorgestellt.

## Schäden an Buchsbaum

Die **Buchsbaum-Gallmilbe** (*Aceria unguicolata*) kann an den jungen Trieben und Blättern Verkrüppelungen hervorrufen. Sie ist schwierig zu bekämpfen, führt in Gärten aber selten zu ernsthaften Schäden. Seit einigen Jahren tritt neben der Gallmilbe auch eine **Spinnmilbe** (*Eurytetranychus buxi*) auf, die besonders an warmen Standorten in Massen auftritt, an den Blättern durch ihre Einstiche Sprenkelungen verursacht und dadurch die Pflanzen schwächt. Durch natürliche Nützlinge werden in Parks und Hausgärten beide Schädlinge meist so weit im Zaum gehalten, dass die Schäden toleriert werden können. Eine ähnliche Rolle spielt der **Blattsauger** (*Psylla buxi*), ein kleines, gelblichgrünes Insekt mit auffälligen weißen Wollausscheidungen, das löffelartige Verkrüppelungen junger Blätter verursacht. Durch Insektizide gegen saugende Schädlinge kann er bekämpft werden, was aber in den meisten Fällen nicht nötig ist, da er die Pflanzen selten nennenswert schädigt.

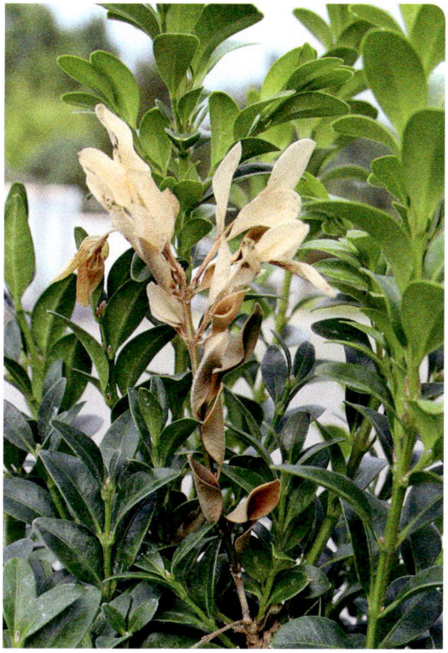

Triebsterben (*Volutella*) an Buchsbaum.

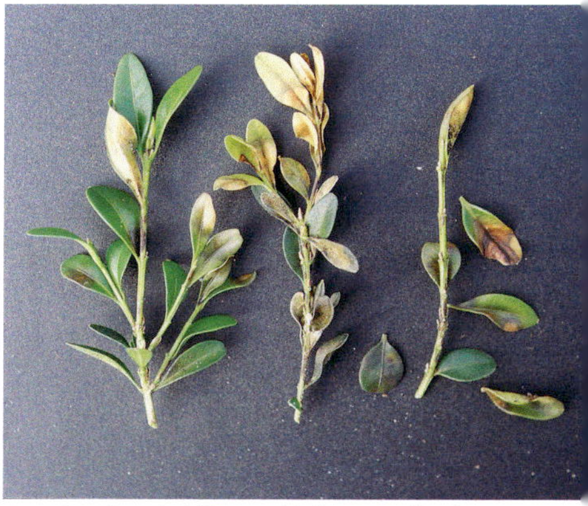

Gut erkennbar sind die verschiedenen Stadien beim Blattfall (*Cylindrocladium buxicola*); der fortschreitende Verlauf der Krankheit nimmt von links nach rechts zu.

Ein lang bekannter pilzlicher Schaderreger führt zu **Triebsterben** (*Volutella buxi*). Er bringt dünne bis mittelstarke Triebe zum Absterben, sodass ihre Blätter vertrocknet und braun an ihnen hängen bleiben. Durch Fungizide kann dieser Schaderreger nicht bekämpft werden, aber wenn kranke Triebe sofort entfernt und die Pflanzen allgemein in gutem Zustand (Standort, Düngung, Schnitt) gehalten werden, entsteht selten nennenswerter Schaden.

Ein wesentlich gefährlicherer Erreger, der sich aus dem Nordwesten Europas seit 2004 in Deutschland ausbreitet, ist der **Blattfall** (*Cylindrocladium buxicola*). Dieser Erreger befällt zunächst junge Triebe und Blätter. Er verbreitet sich wesentlich großflächiger als das Triebsterben, und das Laub fällt ab, bevor die jungen Triebe absterben. Ein auffälliges Merkmal dieser Krankheit sind längliche schwarze Flecken, die nach dem Abfallen der Blätter an den jungen grünen Trieben entstehen, bevor diese auch absterben. Der Blattfall verbreitet sich vor allem im Sommer in Schlechtwetterperioden und kann Formgehölze und Parterres ganz oder teilweise vernichten. Beim Auftreten des Erregers sollte das gesamte befallene Material entfernt werden (auch Laubreste am Boden) und die Pflanzen nach Neuaustrieb – evtentuell erst im Folgejahr – vor Schlechtwetterperioden vorbeugend mit Fungiziden behandelt werden. Die Sorten 'Suffruticosa' und 'Blauer Heinz' sind besonders empfindlich; man sollte sie in befallenen Gartenanlagen durch weniger anfällige Sorten ('Faulkner', 'Herrenhausen') ersetzen. Die Anfälligkeit des weit verbreiteten *Buxus sempervirens* var. *arborescens* liegt zwischen der von 'Suffruticosa' und 'Herrenhausen'.

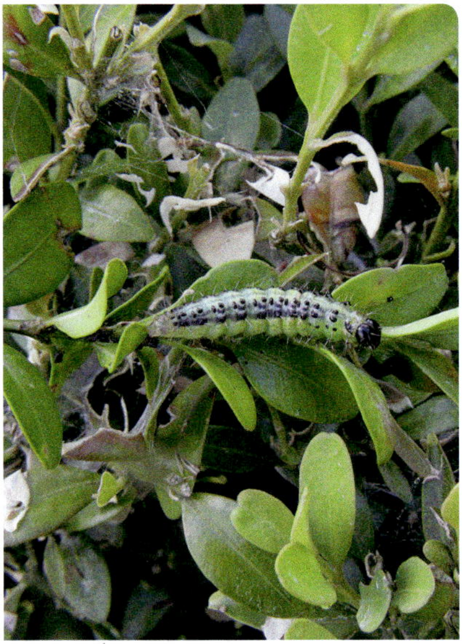

Einer neuer, sehr gefährlicher Schädling: die Raupe des Buchsbaum-Zünslers kurz vor der Verpuppung.

Wenn der Standort zusagt (nicht zu sonnig), sollten also bei drohenden Blattfall-Infektionen widerstandsfähige Sorten gepflanzt werden. Nur dort, wo der Befallsdruck sehr hoch ist (sehr feuchte Lagen), muss auf Alternativpflanzen ausgewichen werden.

Ein neuer Schädling, der sich von Süddeutschland her ausbreitet, ist der **Buchsbaumzünsler** (*Diaphania perspectalis*), ein Kleinschmetterling dessen gelblich grün gefärbten Raupen Buchsbaumpflanzen von innen her völlig kahl fressen können. Der Befall wird oft erst sehr spät erkannt, und wenn die Raupen fast ausgewachsen sind (über 2–3 cm Länge), wirken Insektizide nicht mehr zuverlässig. Daher sollten die Pflanzen bei Befallsgefahr regelmäßig kontrolliert und die Raupen möglichst frühzeitig bekämpft werden. Gute Zeiträume sind März/April, Juni/Juli und Oktober.
Die einzige Alternative zum Insektizid-

einsatz ist das Absammeln der Raupen von Hand oder ein starker Rückschnitt. Das Schnittgut muss mit den Raupen vernichtet werden, denn auf dem Kompost oder im Biomüll besteht die Gefahr, dass die Raupen sich noch verpuppen können. Wichtig sind regelmäßige Kontrollen auf Raupenbefall, häufig sind Kotkrümel unter den Pflanzen erste Hinweise. Gegen den Buchsbaumzünsler sind bisher leider keine widerstandsfähigen Sorten bekannt, auch 'Faulkner' und 'Herrenhausen' werden befallen. In Gebieten mit starkem Befall kann es sinnvoll sein, statt Buchsbaum Alternativpflanzen zu wählen.

Bei **Stickstoffmangel** kann sich das Laub von Buchsbaum im Sommer gelblichgrün und im Herbst/Winter bräunlich färben. Es vertrocknet dabei aber nicht, daher ist diese Verfärbung nicht Besorgnis erregend.

Eine häufige Erscheinung bei Buchsbaumsorten und -varietäten sind **gelbe Blattränder**. Die genaue Ursache dafür ist nicht bekannt, aber sie werden offensichtlich durch ungleichmäßige Wasserversorgung und schlechte Versorgung an Magnesium, Kalium und Spurenelementen begünstigt. Um diese unschönen, aber für die Pflanzengesundheit unbedeutenden Symptome zu vermeiden oder zu verringern, sollten die Pflanzen möglichst gleichmäßig mit Wasser versorgt werden, nicht zu sonnig stehen und maßvoll, dabei aber kontinuierlich gedüngt werden.

## Schäden an Eiben

Der wohl gefährlichste Schädling, der Eiben befällt, ist der **Gefurchte Dickmaulrüssler** (*Otiorhynchus sulcatus*). Dieser nachtaktive Käfer, der selbst selten zu sehen ist, frisst kleine, halbrunde Buchten in die Ränder der Nadeln bzw. Blätter von Eiben, Rhododendren und vielen anderen Pflanzen. Der Fraß des Käfers schädigt die Pflanze kaum, aber im Sommer legt er Eier, aus denen kleine Larven („Engerlinge") schlüpfen, die im folgenden Frühjahr am Wurzelhals der Pflanzen fressen und dadurch krautige Pflanzen und jüngere Gehölze bis zu einer Größe von etwa 1 m Höhe zum Absterben bringen können. Der Käfer kann mit den im Hausgarten zugelassenen Insektiziden nicht wirksam bekämpft werden, bei Befall mit seinen Engerlingen können Nützlinge (*Heterorhabditis*-Nematoden) eingesetzt werden, solange die Böden oder Substrate noch täglich mehrere Stunden lang über 12 °C warm sind. Das ist meist bis Ende September oder Mitte Oktober der Fall. Der Einsatz dieser Nematoden, die man über den Garten-Fachhandel bestellen kann, ist einfach

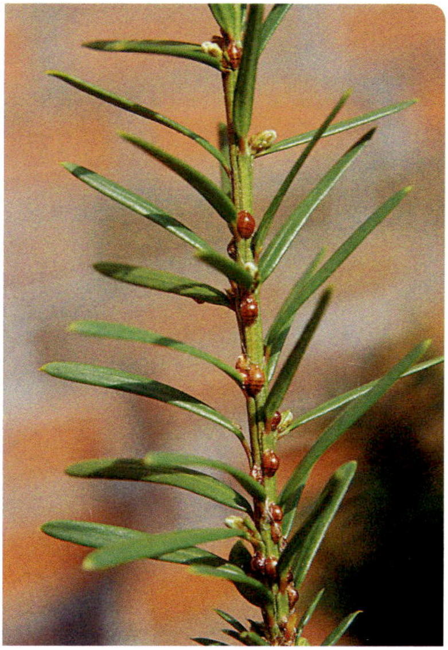

Wie an einer Perlenschnur aufgereiht: Schildläuse an einem Eibenzweig.

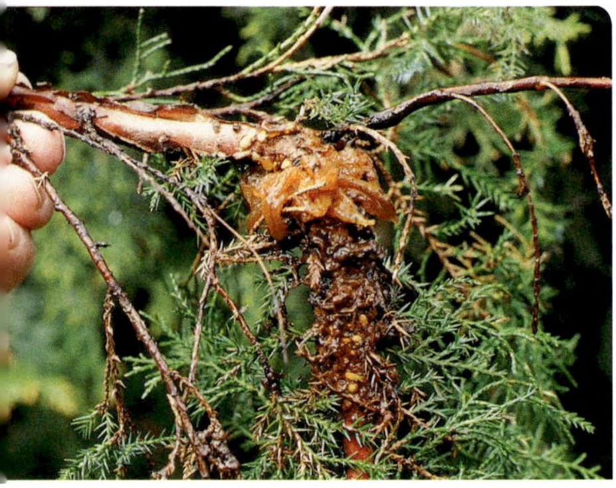

Fruchtkörper vom Gitterrost an einem Wacholderzweig.

(Gießanwendung), äußerst effektiv und hat sich im Hobby- wie Profibereich in den letzten Jahren sehr gut bewährt.

Weitere wichtige Schädlinge sind **Schildläuse** (*Parthenolecanium* und andere Gattungen), die zunächst die Rinde besiedeln. Durch zuckerhaltige Ausscheidungen der Tiere bildet sich ein schwarzer Belag auf den Nadeln (Rußtau), sodass außer dem Nährstoffentzug durch die Saugtätigkeit der Schildläuse auch die Assimilation der Pflanzen behindert wird. Stärkerer Befall kann zu Nadelfall und Triebsterben führen und sollte durch Spritzungen mit Pflanzenschutzmitteln auf Basis von Ölen verhindert werden, welche die meisten Tiere abtöten.

## Schäden an Wacholder, Thuja, Scheinzypresse und Leyland-Zypresse

Einer der wichtigsten Schädlinge an Wacholder, Lebensbaum und in geringerem Maße auch an Leyland-Zypresse sowie Scheinzypresse sind verschiedene Arten von **Miniermotten** (*Argyresthia*-Arten). Die erwachsenen Tiere fliegen im Frühsommer und sind klein und unscheinbar. Aus ihren Eiern schlüpfen sehr kleine Raupen, die sich in die jungen Triebe einbohren (minieren), sodass diese später absterben und braun werden. Für den Betrachter ist später schwer zu erkennen, dass die braunen Triebe angebohrt waren, sodass der Schaden leicht mit Triebsterben durch pilzliche Erreger verwechselt werden kann. Die Pflanze wird zwar durch den Miniermotten-Befall kaum geschwächt, sieht aber sehr unansehnlich aus. Bei stärkerem Befall muss daher zur Flugzeit und Eiablage des Falters im Juni/Juli mit Insektiziden behandelt werden. Die Raupen selbst sind in den Trieben gut geschützt und können nicht bekämpft werden.

Während bei Befall durch Miniermotten die Triebspitzen von etwa 1 bis 5 cm Länge absterben und braun werden, töten verschiedene **pilzliche Erreger** (*Kabatina, Phomopsis* und andere Gattungen) an Wacholder und den erwähnten verwandten Pflanzen etwas stärkere Triebe von etwa 20 bis 40 cm Länge ab, die dann verbräunen. An der Basis der Verbräunung sind häufig kleine, schwarze Punkte zu erkennen, die Fruchtkörper der Pilze. Wegen des langen Befallszeitraums (Spätsommer und Herbst) der unterschiedlichen Pilzarten ist eine Bekämpfung durch vorbeugenden Fungizideinsatz in vielen Fällen erfolglos. Befallene Triebe sollten auf jeden Fall sofort entfernt und vernichtet werden.

Ein weiterer Pilz, der Wacholder schädigt, ist der **Gitterrost** (*Gymnosporangium sabinae*). Er ist wirtswechselnd und infiziert wechselseitig die Blätter von Birnen und die Triebe von Wacholder. Diese beiden Pflanzengattungen sollten daher möglichst nicht nebeneinander stehen. Die Sporen des Pilzes fliegen allerdings weit genug, dass auch Pflanzen infiziert werden, die nicht in sichtbarer Nähe zu einem Zwischenwirt stehen. Sind

Wacholder befallen, sodass im Frühjahr aus der Rinde der Triebe auffällige, gallertartige orangefarbene Fruchtkörper austreten, sollte man die befallenen Triebe sofort entfernen und vernichten.

Ein bedeutender pilzlicher Erreger an Scheinzypressen ist die **Wurzelhalsfäule** (*Phytophthora cinnamomi*). Er befällt zunächst die jungen Wurzeln und später den Wurzelhals, sodass die Pflanzen im Sommer welken, die Triebe sich zuerst gräulich verfärben und später absterben. Der Pilz wird durch Staunässe gefördert, daher ist ein trockener, gut dränierter Standort für diese Pflanzengattung besonders wichtig.

## Schäden an Kiefern

Ein gefürchteter Schädling an Kiefern sind verschiedene Arten von **Borkenkäfern**. Die erwachsenen Käfer versuchen, sich in die Rinde der Pflanzen einzubohren und dort ihre Eier abzulegen. Die schlüpfenden Larven können durch ihren Fraß unter der Rinde ihre Wirtspflanze so stark schädigen, dass auch große Exemplare absterben. Gesunde Pflanzen ersticken den Käfer mit ihren Harzausscheidungen, aber geschwächte Pflanzen können nicht ausreichend reagieren. Gefährdet sind deswegen vor allem frisch gepflanzte Exemplare, die erst neue Wurzeln bilden müssen. Profigärtner können dagegen vorbeugend zugelassene Insektizide einsetzen, dem Gartenliebhaber bleibt nur, die Rinde im Frühsommer regelmäßig zu kontrollieren und Käfer beim Versuch, sich einzubohren, abzusammeln.

Eher optisch störend sind **Wollläuse** (*Pineus*-Arten), die an der Rinde des Stammes und der Zweige auftreten. Bei stärkerem Befall können sie mit Ölen bekämpft werden. Die großen, auffallenden **Rindenläuse** (*Cinara*-Arten), die gelegentlich an den Stämmen und Zweigen zu finden sind, können mit zugelassenen Insektiziden bekämpft oder von Hand abgebürstet werden.

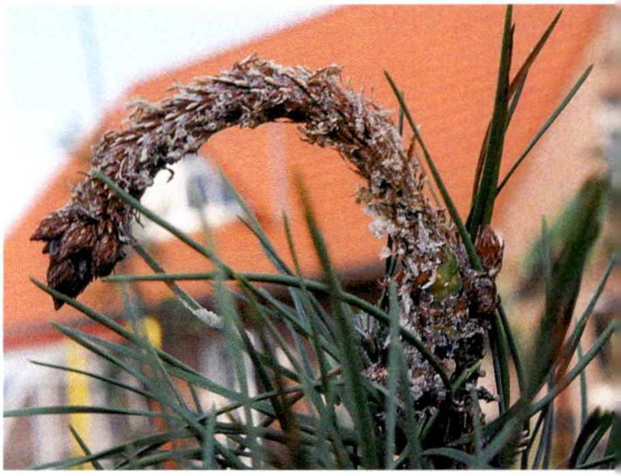

Schaden durch Kieferntriebwickler, erkennbar an dem charakteristisch verformten Trieb.

Ein bedeutender Schaderreger an Kiefern sind **Triebwickler** (*Rhyacionia*-Arten). Sie legen ihre Eier an die Basis der jungen Triebe („Kerzen“), die die Raupen im Frühjahr benagen, sodass die Triebe welken („Posthornbildung“) und vertrocknen. Die Falter sind in Privatgärten und öffentlichem Grün schwierig zu bekämpfen. Da durch den Formschnitt die geschädigten jungen Triebe zusammen mit den gesunden stark eingekürzt werden, ist der Schaden aber bei Formgehölzen meist deutlich geringer als bei frei wachsenden Kiefern.

Ein weiterer bedeutsamer Schädling sind **Blattwespen** verschiedener Gattungen, deren raupenartige Larven im Sommer die Nadeln abfressen und dadurch zu erheblichen Lücken in der Benadelung führen können. Durch Absammeln oder den Einsatz von Kontaktinsektiziden können die leicht erreichbaren Tiere bei stärkerem Befall leicht bekämpft werden, sofern man sie rechtzeitig bemerkt.

## Pflegekalender durchs Formschnitt-Jahr

| | |
|---|---|
| Januar | Bei starkem Schneefall evtl. Schneelast entfernen. |
| Februar | Bei starkem Schneefall evtl. Schneelast entfernen. |
| März | Nach den letzten starken Frösten Winterschutz entfernen und Formgehölze in Kübeln aus Einschlag holen. Günstige Pflanzzeit für wurzelnackte Pflanzen und Pflanzen mit Ballen (Containerpflanzen können auch in den Sommermonaten gepflanzt werden). Günstige Zeit für Verjüngungsschnitt (Hecken). Günstiger Zeitpunkt zum Umtopfen von Pflanzen in Kübeln. Bei Befallsgefahr Kontrolle und gegebenenfalls Bekämpfung des Buchsbaumzünslers. |
| April | Günstige Pflanzzeit für wurzelnackte Pflanzen und Pflanzen mit Ballen (Containerpflanzen können auch in den Sommermonaten gepflanzt werden). Günstiger Zeitpunkt zum Umtopfen von Pflanzen in Kübeln. Düngung. Bei Befallsgefahr Kontrolle und gegebenenfalls Bekämpfung des Buchsbaumzünslers. |
| Mai | Erhaltungsschnitt bei formierten Kiefern, Evtl. schon erster Erhaltungsschnitt bei Buchsbaum. Erziehungsschnitt, Formen, Heften junger Formgehölze. |
| Juni | Erster Erhaltungsschnitt bei Buchsbaum, Eiben, Hainbuchen und anderen Arten. Erziehungsschnitt, Formen, Heften junger Formgehölze. Bei Befallsgefahr Kontrolle und gegebenenfalls Bekämpfung des Buchsbaumzünslers. |
| Juli | Bei Bedarf Nachdüngung (auf leichten Böden). Erziehungsschnitt, Formen, Heften junger Formgehölze. Bei Befallsgefahr Kontrolle und gegebenenfalls Bekämpfung des Buchsbaumzünslers. Besonders hohes Risiko für Infektionen von Buchsbaum durch Blattfall (*Cylindrocladium*). Vor dem Beginn feuchter Witterungsperioden evtl. Fungizide einsetzen. |
| August | Erziehungsschnitt, Formen, Heften junger Formgehölze. Besonders hohes Risiko für Infektionen von Buchsbaum durch Blattfall (*Cylindrocladium*). Vor dem Beginn feuchter Witterungsperioden evtl. Fungizide einsetzen. |
| September | Zweiter Erhaltungsschnitt bei Buchsbaum und evtl. Eiben. Erziehungsschnitt, Formen, Heften junger Formgehölze. Günstiger Zeitraum zum Einsatz von Nematoden gegen Dickmaulrüssler-Larven, vor allem an Taxus. |
| Oktober | Günstige Pflanzzeit für wurzelnackte Pflanzen und Pflanzen mit Ballen (Containerpflanzen können auch in den Sommermonaten gepflanzt werden). Bei Befallsgefahr Kontrolle und gegebenenfalls Bekämpfung des Buchsbaumzünslers. |
| November | Günstige Pflanzzeit für wurzelnackte Pflanzen und Pflanzen mit Ballen (Containerpflanzen können auch in den Sommermonaten gepflanzt werden). Einlagerung von Schnittwerkzeugen (vorher säubern, schärfen, einfetten). |
| Dezember | Winterschutz: Formgehölze in Kübeln an geschütztem Ort im Garten einschlagen oder die Kübel mit isolierendem Material umwickeln. Ausgepflanzte Formgehölze bei Bedarf mit Netzen schattieren. |

# Bezugsquellen

Gehölze und Zubehör wie Schnittwerkzeuge werden in vielen Gartencentern und Baumschulen angeboten. Achten Sie beim Kauf nicht nur auf den Preis, sondern auch auf die Qualität (besonders die Gesundheit der Pflanzen) sowie eine fachkundige Beratung! Listen von Anbietern in Deutschland, Österreich und der Schweiz finden Sie unter anderem hier:

www.bund-deutscher-baumschulen.de
www.gartenbaumschulen.com/betriebe.php
www.baumschulinfo.at
www.vsb.ch

Weitere wertvolle Informationen finden sie unter www.garten-akademien.de.

# Literatur

Beccaletto, J. & Retournard, D.: Obstgehölze erziehen und formen. Verlag Eugen Ulmer, Stuttgart 2007.

Beltz, Heinrich: Gesunder Buchsbaum. Verlag Eugen Ulmer, Stuttgart 2014.

Beltz, Heinrich: Spalierobst im Garten. BLV Buchverlag, München 2012.

Hobson, Jake: Niwaki. Verlag Eugen Ulmer, Stuttgart 2010.

Hobson, Jake: Schnittkunst im Garten. Verlag Eugen Ulmer, Stuttgart 2013.

**Empfehlenswerte Vereinigung von Formgehölz-Freunden:**

- European Boxwood and Topiary Society (Europäische Buchsbaum- und Formschnittgesellschaft) www.ebts.org
- Deutschland: www.deutsche-buchsbaumgesellschaft.de

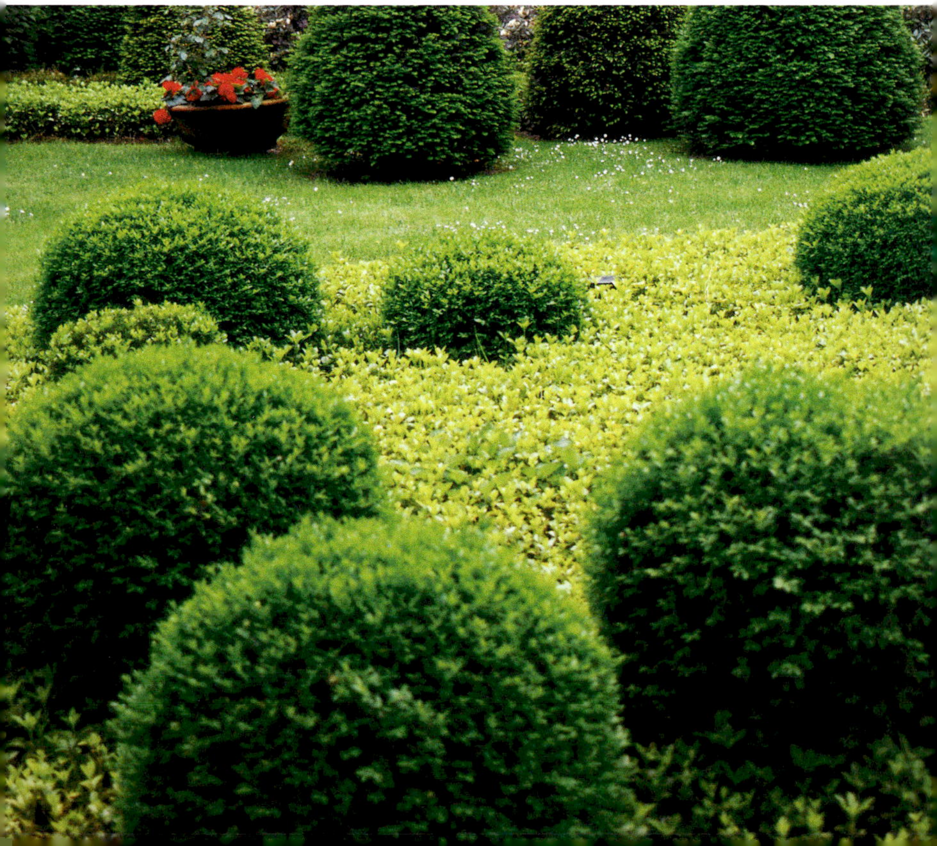

# Register

## Bildquellen

Flora Press/Visions: Titelbild oben
Botanikfoto/Steffen Hauser: Titelbild unten
Beltz, Heinrich: Seite 3, 11, 19 o., 19 M., 19 u., 22, 29 u., 31, 41, 43, 45, 47, 49, 51, 53, 57, 61, 63, 65, 67, 69, 71, 74 o., 74 u., 77 o., 77 u., 79, 83, 88, 89, 91, 94, 99, 103, 108, 115 o., 115 u., 116, 117, 118 li., 118 re., 119.
Bollerhey, Herbert: Seite 84.
botanikfoto: Seite 32/33.
Braun, Harald: Seite 11, 93.
Brenken, Günter: Seite 97.
Ehsen, B.: Seite 80.
Julius images: Seite 38, 55, 88 li., 122.
Nickig, Marion: Seite 4/5.
Reinhard, Hans: Seite 101.
Reinhard, Nils: Seite 16/17, 59, 60.
shutterstock: Seite 6/7.

Alle Zeichnungen wurden von Herrn Helmuth Flubacher, Waiblingen, nach Vorlagen des Autors angefertigt.

Die in diesem Buch enthaltenen Empfehlungen und Angaben sind vom Autor mit größter Sorgfalt zusammengestellt und geprüft worden. Eine Garantie für die Richtigkeit der Angaben kann aber nicht gegeben werden. Autor und Verlag übernehmen keinerlei Haftung für Schäden und Unfälle.

**Bibliografische Information der Deutschen Nationalbibliothek**
Die Deutsche Nationalbibliothek verzeichnet diese Publikation in der Deutschen Nationalbibliografie; detaillierte bibliografische Daten sind im Internet über http://dnb.d-nb.de abrufbar.


Wollgrasweg 41, 70599 Stuttgart (Hohenheim)
E-Mail: info@ulmer.de
Internet: www.ulmer.de
Umschlaggestaltung: Atelier Reichert, Stuttgart
Lektorat: Doris Kowalzik
Satz: r&p digitale medien, Echterdingen
Druck und Bindung: Firmengruppe APPL, aprinta druck, Wemding
Printed in Germany

**ISBN 978-3-8001-8268-8**